Peter Lamberg
Staats- und Verwaltungsrecht für Wirtschaftler

Staats- und Verwaltungsrecht für Wirtschaftler

mit Gesetzesauszügen im Anhang

2. erweiterte Auflage

von

Dr. jur. Peter Lamberg
Stadtdirektor der Stadt Braunschweig

Verlag W. Kohlhammer
Stuttgart Berlin Köln Mainz

CIP-Kurztitelaufnahme der Deutschen Bibliothek

Lamberg, Peter
Staats- und Verwaltungsrecht für Wirtschaftler:
mit Gesetzesausz. im Anh.
– 2. Aufl. –
Stuttgart, Berlin, Köln, Mainz: Kohlhammer, 1978.
ISBN 3-17-004647-0

Stuttgart Berlin Köln Mainz
Verlagsort: Stuttgart
Gesamtherstellung: W. Kohlhammer GmbH
Grafischer Großbetrieb Stuttgart
Printed in Germany

Vorwort zur 2. Auflage

Staats- und Verwaltungsrecht greifen immer stärker in den Wirtschaftsablauf ein. Die Kenntnis wichtigster Wirtschaftsgesetze des Öffentlichen Rechts ist daher für den Wirtschaftler in Studium und Praxis unerläßlich. Zum besseren Verständnis wurde dieses Lehrbuch in der 2. Auflage überarbeitet, indem es zugleich als Arbeitsbuch benutzt werden kann.
Schwerpunkte der Darstellung sind die Wirtschaftsordnung des Grundgesetzes – in der 2. Auflage erweitert um die Finanzverfassung – sowie das Allgemeine Verwaltungs- und Verfahrensrecht, dargestellt an den wesentlichen Problemen des Subventions- und Gewerberechts sowie am Wettbewerbsrecht. Im Besonderen Verwaltungsrecht ist eine behutsame Auswahl an Spezialgesetzen getroffen, die typisch für die sog. Eingriffs- und Leistungsverwaltung sind.
Vor allem dem angehenden Wirtschaftswissenschaftler soll diese Lektüre ermöglichen, mit Gesetzen des Wirtschaftsverfassungs- und -verwaltungsrechts umzugehen und Examensklausuren zu lösen. Der Lehrstoff wird nicht nur systematisch, sondern auch in Form von Fällen, Fragen und Beispielen vorgetragen, um zur autodidaktischen Mitarbeit anzuregen. Dabei sind die jeweils folgenden Antworten und Lösungen vorerst zuzudecken.
Notwendiges Rüstzeug für eine erfolgreiche Mitarbeit ist die Kenntnis wesentlicher Gesetze. Sie sind im Anhang auszugsweise abgedruckt und sollten bei der Bearbeitung dieses Buches laufend hinzugezogen werden.

Der Verfasser

Inhaltsverzeichnis

A. Wirtschaftsordnende Grundrechte

Die Grundrechte des Grundgesetzes – Art. 1–19, ferner die Art. 33, 38, 101, 103 und 104 – gelten als sog. „übergesetzliches" Recht. Das heißt, daß Gesetze des Bundes oder der Länder, die gegen die Grundrechte verstoßen, verfassungswidrig sind. Schon die ersten Grundrechte in der Unabhängigkeitserklärung der Vereinigten Staaten von 1776 sowie in den Menschen- und Bürgerrechten der französischen Revolution von 1789 wurden als „überstaatliches" Recht angesehen, das vom Gesetzgeber nicht ohne weiteres beseitigt werden konnte. Art. 19 Abs. 2 GG bekräftigt für das Grundgesetz, daß – auch durch verfassungsändernde Mehrheiten im Bundestag und Bundesrat – das Grundrecht in keinem Falle in seinem Wesensgehalt angetastet werden darf.
Mit diesen Grundrechten hat der Parlamentarische Rat 1949 zugleich Eckpfeiler, wenn auch in bescheidenem Umfang, für die Wirtschafts-, Sozial- und Kulturordnung in der Bundesrepublik Deutschland gesetzt.

Frage: Welche Grundrechte sind für die Wirtschaftsordnung von Bedeutung?

Antwort: Art. 2 I, 9 III, 12, 14, 15 und ferner 3 I.

Frage: Wer wird aus den Grundrechten berechtigt?

Antwort: In der Regel alle Menschen, in Einzelfällen nur Deutsche. Juristische Personen sind nach Art. 19 III gleichgestellt.

Frage: Warum sind die Art. 8, 9, 11 und 12 auf Deutsche beschränkt?
Versuchen Sie, die Antwort aus dem Gesetzeszweck selbst zu ermitteln!

Die Grundrechte garantieren dem einzelnen grundsätzlich ein Freiheitsrecht gegenüber dem Staat.
Darüber hinaus haben die Grundrechte jedoch auch Bedeutung gegenüber Dritten, d. h. gegenüber Privatpersonen oder juristischen Körperschaften, die nicht zum Staat gehören. Das ergibt sich zwar nicht unmittelbar aus dem Grundgesetz, aber aus der Bedeutung der Grundrechte als ranghöchste Rechtsnorm, die auch für den Privatrechtsverkehr die Wertordnung bestimmt, z. B. „Treu und Glauben" oder „Sittenwidrigkeit". Die Privatrechtsordnung ist

daher in Übereinstimmung mit den Grundrechten, d. h. „verfassungskonform" auszulegen. Bei einigen Grundrechten ergibt sich sogar aus dem Inhalt, daß sie sich vornehmlich nur gegen Dritte richten können; das betrifft vor allem Art. 9 Abs. 3.1, den Schutz vor Vereinbarungen, die die Koalitionsfreiheit behindern.

Frage: Welche Grundrechte können ausschließlich den Staat verpflichten?

Antwort: Art. 4 III, 6 III, 17, 19 IV.

I. Handlungsfreiheit Art. 2 Abs. 1 GG

Der zuerst zu besprechende Grundrechtsartikel, der für die Wirtschaftsordnung Bedeutung hat, ist das Recht auf die freie Entfaltung der Persönlichkeit. Gegenüber den folgenden Grundrechtsartikeln ist dieses individuelle Freiheitsrecht sehr weit gefaßt. Kommt ein konkreter beschriebener Tatbestand aus den folgenden Grundrechtsartikeln zur Anwendung, so darf nach der Rechtsprechung des Bundesverfassungsgerichts auf Art. 2 I nicht mehr zurückgegriffen werden. Lediglich soweit die folgenden Grundrechtsartikel einen Tatbestand überhaupt nicht regeln, gilt Art. 2 I „subsidiär".

Zur freien Entfaltung der Persönlichkeit gehört die Handlungsfreiheit mit wirtschaftlichen Freiheiten, die in den Artikeln 9, 12, 14, 15 nicht geregelt sind. Das sind

1. Vertragsfreiheit
2. Konsumfreiheit
3. Unternehmensfreiheit
4. Wettbewerbsfreiheit.

Hierbei handelt es sich nur um grundsätzliche Freiheiten. Sie können eingeschränkt werden.

Frage: Woraus ergibt sich das?

Antwort: Art. 2 I enthält drei Schranken: 1. soweit er nicht die Rechte anderer verletzt, 2. nicht gegen die verfassungsmäßige Ordnung, 3. oder das Sittengesetz verstößt.

Zur „verfassungsmäßigen Ordnung" gehören alle Rechtsnormen des öffentlichen und privaten Rechts, die der Verfassung entsprechen. Zu den „Rechten anderer" zählen dagegen nicht beliebige Interessen der Mitmenschen, sondern nur die nach der Wertordnung des Grundgesetzes schutzwürdigen Rechte anderer. Das Sittengesetz bilden die „herrschenden Moralvorstellungen", wie sie sich besonders aus den Lehren der großen christlichen Konfessionen ableiten.

Fall 1: E. will in das Land X. reisen, wo Paßzwang besteht; er erhält keine

Reisepaßverlängerung, da sein Auftreten in diesem Lande nach § 7 I Paßgesetz die „Belange der Bundesrepublik Deutschland gefährde“. Ist das zulässig?

Antwort: a) Es könnte gegen Art. 11 (Freizügigkeit) verstoßen sein. Dieses Grundrecht gilt jedoch nur für das Inland und nicht für das Ausland. b) Art. 2 I könnte hier subsidiär eingreifen, da Reisen ins Ausland zur Handlungsfreiheit gehören. Die entsprechende Bestimmung des Paßgesetzes könnte dagegen verstoßen. Die Handlungsfreiheit kann aber eingeschränkt werden, soweit sie innerhalb der verfassungsmäßigen Ordnung begrenzt wird. Zur verfassungsmäßigen Ordnung gehören nach Art. 20 GG die Grundsätze über den Rechtsstaat. Diese sind nicht verletzt, sofern (wie nach § 7 I Paßgesetz) bestimmte Tatsachen festgestellt sein müssen, die die drohende Gefährdung erheblicher Belange der Bundesrepublik Deutschland rechtfertigen. c) Nach Art. 5 GG ist zwar die Meinungsfreiheit auch im Ausland geschützt. Sie schließt aber nicht die persönliche Anwesenheit des Bürgers im Ausland ein. Die Versagung der Paßverlängerung ist daher begründet.

Fall 2: Beim Ausländer A. wird die Wahl und der Antritt des Arbeitsplatzes von der Genehmigung des Arbeitsamtes abhängig gemacht. Ist das rechtmäßig?

Antwort: a) Art. 12 I könnte verletzt sein, da die Freiheit der Berufswahl geschützt ist. Art. 12 gilt jedoch nur für Deutsche. b) Art. 2 I könnte subsidiär angewandt werden, da zur Handlungsfreiheit der Persönlichkeit auch die Wahl des Arbeitsplatzes gehört. Es widerspricht aber nicht der verfassungsmäßigen Ordnung, wenn der Antritt des Arbeitsplatzes, die Berufsausübung, beschränkt wird. Das ergibt sich für Deutsche bereits aus Art. 12 I Satz 2.

II. Eigentumsgarantie Art. 14, 15 GG

Der Schutz des Erworbenen gehört zur persönlichen Freiheit. Umfang des geschützten Eigentums sind das Sacheigentum, Grundstücke einschließlich Baulandqualität, Urheberrechte, Inhaberrechte (Aktien), Forderungen, ja alle vermögenswerten Rechte. Dazu gehören der eingerichtete und ausgeübte Gewerbebetrieb einschließlich Kundenstamm.
Nicht geschützt sind dagegen die Gewinnchancen oder bloße Aussichten, auch nicht das Eigentum, das eine Gefährdung für die öffentliche Sicherheit und Ordnung bedeutet, also polizeirechtlich gesprochen „stört“.

Frage: Welche Schranken sieht Art. 14 für den Schutz des Eigentums vor?

Antwort: Jeder der drei Absätze enthält eine Schranke, nämlich I. die Inhaltsbestimmung durch einfache Gesetze (vor allem das Steuerrecht), II. durch die Sozialbindung des Eigentums und III. durch die Enteignungsmöglichkeit.

Wenn ein Gesetz das Eigentum einschränkt, ohne damit enteignen zu wollen, so muß der Gesetzgeber zwischen Allgemeinwohl und Privatinteresse des Eigentümers abwägen. Die Einschränkung muß zur Zielerreichung des Gesetzes geeignet und notwendig sein, sie darf aber den Eigentümer nicht übermäßig belasten und deshalb für ihn unzumutbar sein. Das Eingriffsziel muß durch die Verfassung gerechtfertigt sein, das bedeutet, daß einerseits der Handlungsfreiheit der Person nach Art. 2 I GG, andererseits aber den Prinzipien des Rechts- und Sozialstaates nach Art. 20 GG Rechnung getragen wird.

Frage: Kann der Eigentümer zum Abriß eines baufälligen Hauses aufgefordert werden?

Antwort: Ja, denn Eigentum, das die Gesundheit oder das Leben von Passanten bedroht, unterliegt nicht dem Schutz des Eigentums Art. 14.

Frage: Darf ein Gewerbebetrieb für Schmuggelware stillgelegt werden und sind derartige Gewerbeverbote kraft Gesetzes überhaupt zulässig?

Antwort: Ja, weil gegenüber der Allgemeinheit nur der rechtmäßig ausgeübte Gewerbebetrieb als Eigentum schutzwürdig ist. Dabei darf allerdings nur insoweit der Betrieb stillgelegt werden, als damit eine rechtswidrige Betätigung verhindert wird. Eine weitere Konfiskation des Grundeigentums würde eine Enteignung bedeuten.

Gegenüber der Eigentumsbeschränkung aus Art. 14 I durch einzelne Gesetze stellt Art. 14 II programmatisch fest, daß das Individualinteresse des Eigentümers nicht unbedingt Vorrang vor den Interessen der Gemeinschaft hat. Der Gesetzgeber ist daher ermächtigt, den Eigentümer in den oben genannten Schranken zum Zwecke des öffentlichen Wohls zu belasten. Wird dagegen Eigentum ganz oder teilweise im Interesse der Allgemeinheit entzogen, so liegt bereits eine Enteignung nach Art. 14 III vor, die entschädigungspflichtig ist. Im Unterschied zur Inhaltsbeschränkung und Sozialgebundenheit des Eigentums liegt eine entschädigungspflichtige Enteignung schon dann vor, wenn dem Eigentümer durch die Maßnahme ein besonderes Opfer abverlangt wird, das ihn wirtschaftlich erheblich trifft. Es muß sich um eine besonders schwere unzumutbare Eigentumsbeeinträchtigung handeln.

Fall: Die Tankstelle T. liegt am Ortsausgang einer Gemeinde unmittelbar an einer Bundesstraße. Zur Erleichterung des Verkehrs ist die Bundesstraße 200 m vor dem Ortsausgang um die Gemeinde herumgelegt worden, so daß die Tankstelle nunmehr an einem innerörtlichen Verbindungsweg gelegen ist. Hierdurch hat der Inhaber der Tankstelle einen erheblichen Teil seiner Kundschaft verloren. Kann er Schadensersatz wegen Enteignung verlangen?

Lösung: Zum geschützten Rechtsgut in Art. 14 gehört auch der ausgeübte Gewerbebetrieb mit seiner Kundschaft. Soweit jedoch ein erhöhter Benutzerkreis dadurch zu verzeichnen war, daß der Staat die öffentliche Straße als Bundesstraße ausgewiesen hat, sind dem Tankstelleninhaber hieraus lediglich Vorteile zugeflossen, auf die er keinen rechtlichen Anspruch hat. Als Straßenanlieger hat er mit der Baugenehmigung lediglich den Anspruch erworben, daß sein Grundstück an einer öffentlichen Straße angebunden ist. Welche Benutzungsstufe diese Straße aus verkehrspolitischen Gesichtspunkten erhält, liegt allein im staatlichen Ermessen.

Ergänzung des Falles: Durch die Umbauarbeiten ist die Straßenzufahrt in eine Richtung, nämlich außerhalb der Ortschaft, für zwei Monate unterbrochen worden. Kann der Tankstelleninhaber hieraus entstehende Geschäftseinbußen nach Art. 14 III geltend machen?

Lösung: Eine Enteignung am ausgeübten Gewerbebetrieb liegt nicht vor, denn der Anlieger einer Straße muß grundsätzlich Bauarbeiten hinnehmen; er muß damit rechnen, daß öffentliche Wege, die im Gemeingebrauch stehen, nach überörtlichen verkehrspolitischen Gesichtspunkten erneuert oder abgeändert werden. Er muß daher auch dulden, daß die Straße geschmälert oder verbreitert wird, Rohre verlegt werden, durch Besucher Schmutz auf sein Grundstück getragen wird etc. Ein Sonderopfer, das nur ihn in seiner Eigentumssubstanz wirtschaftlich trifft, ist damit nicht gegeben. Gewinnchancen aus einer weiteren gleichen Benutzung des öffentlichen Weges können nicht garantiert werden.

Ergänzungsfrage: Wenn jedoch die Bauarbeiten grundlos längere Zeit unterbrochen werden und dadurch die Benutzung über Gebühr lange beeinträchtigt wird, entsteht dann ein Anspruch aus Enteignung?

Antwort: Die Einschränkung der Anliegernutzung muß zur Erreichung des angestrebten Zieles geeignet und notwendig sein. Belastet sie ohne ersichtlichen Grund über das erforderliche Zeitmaß hinaus, so kann in der Tat ein Anspruch auf Entschädigung für Geschäftseinbußen, die sich während der Verzögerung ergeben, begründet sein.

Für den Fall, daß die Enteignung, die eine Behörde vorgenommen hat, nicht rechtmäßig war – etwa weil keine Rechtsgrundlage bestand oder die gesetzliche Befugnis überschritten wurde – so ist erst recht ein Anspruch aus Art. 14 III begründet. Da es sich nicht mehr um einen rechtmäßigen, sondern rechtswidrigen Eingriff in das Eigentum handelt, spricht die Rechtsprechung von einem sog. *„enteignungsgleichen Eingriff“;* die rechtlichen Folgen sind dieselben wie bei einer Enteignung.

Wie eine Enteignung von Sachen macht auch eine Beeinträchtigung nichtvermögenswerter Güter, vor allem des Lebens, der Gesundheit und der Freiheit ersatzpflichtig, soweit sie sich finanziell bemessen läßt. Die Rechtsprechung hat hierzu das Institut der sog. *„Aufopferung“* entwickelt.

Ist der Eingriff in vermögenswerte oder nichtvermögenswerte Rechte rechtswidrig und schuldhaft, so kann der Bürger einen Anspruch aus Art. 34 GG wegen *Amtspflichtverletzung* geltend machen. In Verbindung mit § 839 BGB kann dann – bei nichtvermögenswerten Streitigkeiten – sogar Schmerzensgeld verlangt werden.
Die Höhe der Entschädigung infolge Enteignung richtet sich grundsätzlich nach dem Verkehrswert. Der Enteignete muß in der Lage sein, neues Eigentum für die Ersatzleistung zu erwerben; bei Grundstücken muß er den üblichen Kaufpreis erhalten.

Der Enteignung verwandt ist die *Sozialisierung des Art. 15 GG.* Auch hier sind durch Gesetz Ausmaß und Art der Entschädigung zu regeln.
Praktische Bedeutung hat dieses Rechtsinstitut bisher in der Bundesrepublik nicht erlangt. Immerhin steht fest, daß Art. 15 GG kein Sozialisierungsgebot enthält; der Gesetzgeber kann daher öffentliches Vermögen an Produktionsmitteln etc. wieder reprivatisieren.

Frage: Welche Möglichkeiten hat der Staat, anstelle der Sozialisierung Einfluß auf Produktionsmittel der Privatwirtschaft zu nehmen?

Antwort: a) Aufkauf privater Anteile, da ja durch Enteignung ohnehin Schadensersatz in Höhe des Verkaufswertes geleistet werden müßte. b) Öffentliche Bezuschussung notleidender Produktionsunternehmen oder Vergabe von Bürgschaften etc. gegen eine Beteiligung im Aufsichtsrat des Unternehmens. c) Steuerliche Bevorzugung öffentlicher Unternehmen derselben Branche. d) Informations- und Genehmigungspflichten bei der Veräußerung von Anteilen (z. B. nach dem Kartellgesetz). e) Mitbestimmungsgesetze. f) Verbotsregelungen (z. B. bei Emissionen, Bodenabbau usw.).

III. Berufsfreiheit Art. 12 Abs. 1 GG

Das Recht auf freie Berufswahl gilt auch für die Erlangung des Befähigungsnachweises für diesen Beruf. Die Wahl ist nach der Rechtsprechung des Bundesverfassungsgerichts nicht von dem Recht auf Berufsausübung zu trennen, wenn die Wahl in die Tat umgesetzt werden soll. Das aber bedingt, daß auch die Berufswahl Einschränkungen unterliegt. Die erste ergibt sich daraus, daß im Begriff Beruf nicht alle beliebigen Betätigungen verstanden werden können, sondern nur solche, die auf Dauer geeignet sind, eine Lebensgrundlage zu erhalten, und zwar in rechtmäßiger Weise. Nicht jede erlaubte Betätigung führt jedoch zum Beruf; der Gesetzgeber kann vielmehr aus der sozialen Bedarfslage heraus typische Berufsbilder vorschreiben, für die er dann auch die Berufsausübung regelt. Für die Schaffung eines Berufsbildes muß allerdings ein öffentliches Interesse bestehen, z. B. daß Verbraucherinteressen zu schützen sind (vergl. Berufsbilder zum Handwerk).

Berufswahl und Berufsausübung bilden somit ein einheitliches Grundrecht der Berufsfreiheit, das sowohl hinsichtlich seiner Wahl als auch seiner Ausübung gesetzlich beschränkbar ist. Gleichwohl ist der Grad der Beschränkung für die Wahl und Ausübung unterschiedlich:

Die Freiheit der Berufs*ausübung* kann beschränkt werden, soweit vernünftige Erwägungen des Gemeinwohls es zweckmäßig erscheinen lassen. Damit soll die Allgemeinheit z. B. vor Gefahren für die öffentliche Sicherheit und Ordnung geschützt oder vor wirtschaftlichen Nachteilen bewahrt bleiben.

Die Freiheit der Berufs*wahl* darf nur eingeschränkt werden, soweit der Schutz besonderer wichtiger Gemeinschaftsgüter es zwingend erfordert. Dabei ist zwischen subjektiven Voraussetzungen, die insbesondere die Vor- und Ausbildung der Person betreffen, und objektiven Zulassungsvoraussetzungen – z. B. Marktlage und Bedürfnis – zu unterscheiden. Subjektive Voraussetzungen müssen für den erstrebten Zweck (Gemeinwohl) das notwendige Mittel sein. Objektive Zulassungsvoraussetzungen sind dagegen nur in äußerst seltenen Fällen zulässig: zur Abwehr nachweisbarer oder höchstwahrscheinlich schwerer Gefahren für ein überragend wichtiges Gemeinschaftsgut.

Beispiel: Die Konzession von Apotheken darf nicht davon abhängig gemacht werden, daß ein Bedürfnis besteht. Dagegen ist die Konzession von Buslinien an einen bestimmten Verkehrsträger als Monopolunternehmen zulässig, um einen ruinösen Wettbewerb zu verhindern und einen regelmäßigen Fahrplan – auch bei geringerer Besucherfrequenz in verschiedenen Tageszeiten und in verschiedenen Ortsteilen – zu garantieren. Monopolkonzessionen für bestimmte Gebiete sind auch für die Wasser- und Energieversorgung, Müllabfuhr, Straßenreinigung etc. zulässig, um ein wirtschaftliches Leitungssystem etc. zu erhalten und dementsprechend günstige Verbraucherpreise zu ermöglichen. Insoweit ist die Zulassung nur eines Unternehmens zum Schutze überragend wichtiger Gemeinschaftsgüter der Bevölkerungsversorgung verfassungsgemäß.

Frage: Welche subjektiven Voraussetzungen, die in der Person eines Gewerbetreibenden liegen, würden Sie nach den o. g. rechtlichen Grundsätzen anerkennen?

Antwort: Ausbildung und Prüfung, Alter und Gesundheit, charakterliche Eignung. Je nachdem um welches Berufsbild, etwa des Arztes oder des Lehrers, es sich handelt, wird diese oder jene Zulassungsbeschränkung vorrangig sein.

Für das Recht auf Wahl des *Arbeitsplatzes* und der Ausbildungsstätte gilt entsprechendes wie für die Berufswahl; jedoch ist die Verzahnung mit der Berufsausübung noch enger, so daß auch die Beschränkung der Arbeitsplatzwahl nicht mit einem so strengen Maßstab gemessen werden kann wie die der Berufswahl. Ein Recht auf Arbeit ist aus dem Recht auf Wahl des Arbeitsplatzes nicht herzuleiten.

Die Wahl der *Ausbildungsstätte* findet ihre subjektiven Zulassungsvoraussetzungen in Vorbildungsbedingungen. Objektive Zulassungsvoraussetzungen können sich durch die Kapazität der Ausbildungsstätte ergeben. Der Numerus clausus an Hochschulen ist daher zulässig. Allerdings hat der Studienbewerber ein Recht auf willkürfreie Auswahl.

Frage: Verstößt das gesetzliche Verbot, nachts zu backen, gegen die handwerkliche Berufsfreiheit?

Antwort: Das Verbot beeinträchtigt nicht die Berufswahl, sondern die Berufsausübung. Sie kann aus vernünftigen Erwägungen des Gemeinwohls beschränkt werden. Im Interesse des Gemeinwohls hat der Gesetzgeber aber nicht nur die Konsumwünsche der Kundschaft, früh morgens frische Brötchen zu erhalten, zu beachten, sondern auch den Schutz der Gesundheit der in den Bäckereibetrieben Beschäftigten zu wahren. Eine sachgerechte Abwägung beider Interessen rechtfertigt, die Backzeit zur Mitternacht zu verbieten.

Frage: Darf die private Arbeitsvermittlung untersagt werden?

Antwort: Die freie Berufswahl darf nur zum Schutze besonders wichtiger Gemeinschaftsgüter eingeschränkt werden. Wird die Zulassung aus objektiven Gründen untersagt, so muß ein überragend wichtiges Gemeinschaftsgut geschützt werden. Wenn der Staat die Arbeitsvermittlung zu einer öffentlichen Aufgabe durch die Bundesanstalt für Arbeitsvermittlung und Arbeitslosenversicherung organisiert hat, so will er damit die Vollbeschäftigung als überragend wichtiges Gemeinschaftsgut schützen. Gefahren können dann auftreten, wenn freiwerdende Arbeitsplätze nicht durch zentrale Karteien erfaßt und der Arbeitsmarkt durch einseitige private Vermittlungsangebote in seinem stabilen Lohnniveau gefährdet wird. Das kann z. B. durch Schwarzpreise für Schwarzarbeiten, die nicht der Gewerbeaufsicht unterliegen, geschehen.

Fall: Wer Einzelhandel betreiben will, bedarf nach § 3 des Gesetzes der Erlaubnis. Die Erlaubnis ist zu versagen, wenn weder der Unternehmer noch sein Vertreter die erforderliche Sachkunde nachweisen kann oder Tatsachen vorliegen, aus denen sich der Mangel der für die Leitung des Unternehmens erforderliche Zuverlässigkeit ergibt. Ist das verfassungsgemäß?

Lösung: Für die subjektiven Voraussetzungen der Berufswahl (insbesondere Vor- und Ausbildung) gilt das Prinzip der Verhältnismäßigkeit in dem Sinne, daß sie zu dem angestrebten Zweck der ordnungsmäßigen Erfüllung der Berufstätigkeit nicht außer Verhältnis stehen dürfen. Wenn *Sachkunde* für den Einzelhandel mit Waren aller Art verlangt wird, so ist diese Voraussetzung nur für den Teil der Warensortimente zutreffend, der einer besonderen Behand-

lung bedarf. Der Umgang mit Lebensmitteln, Arzneimitteln, leicht verderblichen Sachen bedarf einer solchen Fachkenntnis, um Gesundheitsschäden vom Käufer abzuwenden. Bei anderen Waren dagegen ist diese Voraussetzung nicht erforderlich und darum mit Art. 12 Abs. 1 GG unvereinbar.
Die Voraussetzung der *Zuverlässigkeit* läßt sich dagegen für den Einzelhandel mit Waren aller Art vertreten. Denn Handel bedeutet Waren- und Geldverkehr, und dieser setzt voraus, daß der Einzelhändler zumindest nicht wegen Vermögensdelikten vorbestraft ist. Der Kunde muß sich darauf verlassen können, daß der Händler eines stehenden Gewerbebetriebes nicht vorsätzlich mangelhafte Waren anbietet oder etwa arglistig über die Qualität seiner Waren zu täuschen sucht. Darum ist diese subjektive Voraussetzung der Zulässigkeit für den Einzelhandel mit Waren aller Art verfassungsgemäß.

IV. Koalitionsfreiheit Art. 9 Abs. 3 GG und Verfassungsbeschwerde

Das Recht, Arbeits- und Wirtschaftsvereinigungen zu bilden, garantiert die Existenz der Gewerkschaften und Arbeitgebervereinigungen (sog. Institutsgarantie). Sie berechtigt den einzelnen, sich in Gewerkschaften oder Arbeitgebervereinigungen zu betätigen, sich diesen Gruppen anzuschließen oder solche zu gründen (individuelle Koalitionsfreiheit). Drittens ist die Koalition selbst berechtigt, zur Wahrung der Arbeitnehmer- oder Arbeitgeberinteressen die Arbeits- und Wirtschaftsbedingungen zu fördern (kollektive Koalitionsfreiheit).
Gegenüber Abs. 1 des Art. 9 ist nicht jede Koalition geschützt. Ihr Zweck liegt vielmehr darin, Arbeits- und Wirtschaftsbedingungen – insbesondere die Entlohnung – auszuhandeln, soweit das nicht durch Gesetz oder Verordnung geschieht (für Beamte nach Art. 33 IV und V GG), oder soweit nicht wegen der Art der Leistung individuelle Arbeitsverträge abgeschlossen werden. Die kollektive Regelung von Arbeitsverträgen erfolgt durch Tarifverträge, die die Tarifpartner – die Gewerkschaften und Arbeitgebervereinigungen – für eine Vielzahl von Fällen mit unterschiedlichen Lohn- und Leistungsgruppen abschließen. Um diese Aufgabe zu erfüllen, muß die Koalition nach der Rechtsprechung des Bundesverfassungsgerichts tariffähig sein; sie muß nach ihrer Satzung folgende Voraussetzungen erfüllen:
1. Arbeitnehmer- oder Arbeitgeberinteressen wahrnehmen.
2. Arbeits- und wirtschaftsfördernde Verträge, d. h. Tarifverträge, abschließen oder auch als für sich verbindlich anerkennen.
3. Frei gebildet und unabhängig sein. Vertretungsberechtigte Organe müssen

daher wie im Vereinsrecht durch Wahlen bestätigt werden. Die Weisungsgebundenheit an eine politische Partei, den Staat usw. würde die Unabhängigkeit beeinträchtigen.

4. Ob nur überbetriebliche Vereinigungen oder auch solche, die sich auf Betriebsebene bilden, geschützt sind, ist noch streitig.

Fall: Der katholische Hausgehilfinnenverband in Bayern fördert nach seiner Satzung die beruflichen, sozialen und wirtschaftlichen Interessen seiner Hausgehilfinnen durch Mitwirkung bei der Regelung von Arbeitsbedingungen. Nachdem er mit der Hausfrauenvereinigung in Bayern einen Tarifvertrag abgeschlossen hat, stellt das Bundesarbeitsgericht auf Antrag der Gewerkschaft Nahrung und Genußmittel fest, daß der Hausgehilfinnenverband nicht tariffähig sei. In der Begründung heißt es, er lehne den Streik als Mittel des Arbeitskampfes ab. Der Hausgehilfinnenverband hält dieses Urteil für verfassungswidrig und will dagegen angehen. Was kann er tun?

Lösung: Der Verband kann, wenn er durch die öffentliche Gewalt in einem seiner Grundrechte verletzt ist, nach Art. 19 IV GG den Rechtsweg beschreiten. Für die Verletzung von Grundrechten ist jedermann nach § 90 des Gesetzes über das Bundesverfassungsgericht die Verfassungsbeschwerde gegeben.

1. *Zulässig* ist die Beschwerde allerdings nur, wenn der Antragsteller konkret ausführen kann, warum er nach seiner Ansicht durch die öffentliche Gewalt in seinen Grundrechten verletzt ist. (Ob die Behauptung richtig ist oder nicht, wird bei der Zulässigkeit des Antrages vom Gericht noch nicht geprüft, sondern erst bei der Begründetheit.) Der Antragsteller muß also durch die öffentliche Gewalt, d. h. durch Gesetz, Urteil oder Verwaltungsakt (nämlich entweder durch die Gesetzgebung, die Rechtsprechung oder die Exekutive) in seinem Recht verletzt sein. Dritte Zulässigkeitsvoraussetzung einer Verfassungsbeschwerde ist schließlich nach § 90 Abs. 2, daß der Antragsteller den Rechtsweg erschöpft hat. Bei Grundrechtsverletzungen durch Gesetze hat der Bürger grundsätzlich keine anderen Rechtsmittel; gegen Urteile der Rechtsprechungsorgane kann der Bürger in die Berufung oder Revision gehen und gegen Verwaltungsakte Widerspruch einlegen und dann die einzelnen Gerichtsinstanzen durchlaufen.
Im vorliegenden Fall kann der Hausgehilfinnenverband behaupten, daß er durch das Urteil des Bundesarbeitsgerichts in seiner Koalitionsfreiheit nach Art. 9 III GG verletzt sei. Der Rechtsweg gegen das Urteil des Bundesarbeitsgerichts als höchster Instanz dieses Gerichtszweiges ist erschöpft; die Verfassungsbeschwerde ist daher zulässig.

2. Die Verfassungsbeschwerde ist auch *begründet*, wenn die Behauptung des Antragstellers, er sei in seinem Grundrecht nach Art. 9 III GG verletzt, sachlich zutreffend ist.

Art. 9 III ist dann verletzt, wenn der Hausgehilfinnenverband eine geschützte Koalition ist. Die Voraussetzungen für eine Koalition liegen vor: Sie ist „gegnerfrei", d. h. sie dient nur einseitig Arbeitnehmerinteressen, schließt Tarifverträge ab und erkennt sie an, ist überbetrieblich organisiert und auch unabhängig. Die konfessionelle Ausrichtung ist kein Hindernis, soweit nicht eine Kirche Weisungsbefugnisse erhält.

Die Koalitionsfreiheit ist nicht nur verletzt, wenn der Bestand der Vereinigung, sondern auch wenn ihre Betätigung beeinträchtigt wird. Die Fähigkeit, Tarifverträge abzuschließen, ist aber geradezu die Voraussetzung dafür, die sozialen und wirtschaftlichen Interessen der Hausgehilfinnen gegenüber den Hausfrauen zu vertreten.

Fraglich könnte sein, ob der Verband in seiner Satzung auch vorsehen muß, daß er die abgeschlossenen Tarifverträge mit bestimmten Mitteln des Arbeitskampfes durchsetzen muß. Art. 9 III Satz 3 schützt zwar Arbeitskämpfe vor Maßnahmen aus der Notstandsgesetzgebung. Insoweit wird teilweise die Auffassung vertreten, daß hierin schon eine Garantie für Arbeitskämpfe und Streiks zu erblicken sei. Sicher ist jedenfalls, daß von keiner Koalition verlangt werden kann, daß sie bestimmte Arbeitskampfmittel zur Durchsetzung der Tarifverträge auch ausüben muß. Im vorliegenden Fall hat das Bundesverfassungsgericht sogar anerkannt, daß bei dem starken persönlichen Kontakt einer Hausgehilfin innerhalb der Familie des Arbeitgebers nicht selbstverständlich sei, daß die härtesten Arbeitskampfmittel (Streik) überhaupt zur Anwendung kämen.

Die Verfassungsbeschwerde ist daher begründet. Die Entscheidung des Bundesarbeitsgerichts ist nach § 95 II des Gesetzes über das Bundesverfassungsgericht aufzuheben. Damit ist der vom Hausgehilfinnenverband mit dem Hausfrauenverband abgeschlossene Tarifvertrag gültig.

Frage: Kann ein Tarifvertrag vorsehen, daß nur Mitglieder der Gewerkschaft bestimmte Zulagen erhalten (etwa zum Ausgleich ihrer Belastung durch Gewerkschaftsbeiträge)?

Antwort: Nein, sofern derartige Absprachen einen mittelbaren Anreiz ausüben, Mitglied einer Gewerkschaft zu werden, um an Lohnsteigerungen teilzunehmen. Die individuelle Koalitionsfreiheit schützt zwar das Recht des einzelnen, sich einer Gewerkschaft auszuschließen, sie verpflichtet aber nicht den einzelnen, der Gewerkschaft beizutreten (negative Koalitionsfreiheit).

Frage: Kann eine Arbeitgebervereinigung ihre Tarifvertragsverhandlungen auf eine bestimmte Gewerkschaft beschränken, obwohl ein erheblicher Teil ihrer Arbeitnehmer auch anderen Gewerkschaften angehört.

Antwort: Das Recht zur koalitionsmäßigen Betätigung ist verletzt, wenn eine Konkurrenzgewerkschaft ausgeschlossen wird. Schließt eine Arbeitgebervereinigung nur mit einer Gewerkschaft Tarifverträge ab, ohne mit der Konkurrenzgewerkschaft überhaupt zu verhandeln, so beeinträchtigt sie die Tariffähigkeit der anderen Gewerkschaft. Im vorliegenden Fall könnte die ausgeschlossene Gewerkschaft sogar auf Unterlassung derartiger einseitiger Tarifverträge klagen, da Art. 9 Abs. III GG nicht nur gegenüber dem Staat, sondern auch gegenüber Dritten Schutz gewährt. Es ist das einzige Grundrecht, auf das sich jedermann unmittelbar berufen darf („Drittwirkung der Grundrechte").

V. Gleichheitsprinzip Art. 3 Abs. I GG

Das Gleichheitsgebot verpflichtet Gesetzgebung, Rechtsprechung und Verwaltung. Gleiches Recht setzt allerdings voraus, daß auch gleiche Tatbestände vorliegen, denn sonst ist eine Vergleichbarkeit nicht gegeben.
Der Gesetzgeber darf verschiedene Lebenssachverhalte, ja sogar ähnliche Sachverhalte verschieden regeln. Für die Unterscheidung muß allerdings ein sachlicher Grund gegeben sein, d. h. der Gesetzgeber darf nicht „willkürlich" oder aus sachfremden Erwägungen handeln. Sachfremd sind Erwägungen bereits dann, wenn das Gesetz Voraussetzungen oder Bedingungen stellt, die mit dem Zweck, der durch das Gesetz erreicht werden soll, sachlich nichts zu tun haben. Besonders bei Gesetzen, die den Bürger belasten, ist zu prüfen, ob gleiche wirtschaftliche Verhältnisse mit den gleichen Mitteln geregelt und gleiche Auswirkungen hervorgerufen werden.
Neben dem Gesetzgeber ist auch die Verwaltung zur Gleichbehandlung bei der Ausführung von Gesetzen verpflichtet. Wenn ihr das Gesetz einen Ermessensspielraum gewährt, so hat sie in gleicher Weise wie der Gesetzgeber gleiche Sachverhalte zu beachten, um nicht willkürlich, d. h. aus sachfremden Erwägungen zu handeln. Vor allem im Bereich der begünstigenden Verwaltungsakte, z. B. Steuerermäßigung, Förderungszuschüsse etc., muß die Verwaltung darauf achten, daß sie nicht dem einen Bürger gegenüber positiver als gegenüber dem anderen verfährt, sondern nach sachgemäßen Gesichtspunkten gleiche Leitlinien verfolgt; dadurch tritt eine sog. „Selbstbindung" der Behörde ein, d. h. sie muß gegenüber jedermann dieselben Regeln beachten, die sie innerhalb ihres Ermessensspielraums gegenüber dem einen oder anderen Bürger praktiziert.
Ist in den folgenden Fällen das Gebot der Gleichbehandlung verletzt?

Frage a): Unterschiedliche Steuersätze nach Einkommenshöhe?

Antwort: Nein, weil das Sozialstaatsprinzip nach Art. 20 GG erlaubt, daß wirtschaftlich unterschiedliche Einkommensgruppen mit unterschiedlichen Steuersätzen belastet werden, um jeden nach seinen finanziellen Fähigkeiten für die öffentlichen Aufgaben in gleicher Weise zu belasten.

Frage b): Kann ein Kinderzuschuß zum Gehalt ausschließlich für eheliche Väter gewährt werden?

Antwort: Nein, denn Art. 6 Abs. 5 GG gewährt den unehelichen Kindern durch die Gesetzgebung die gleichen Bedingungen für ihre leibliche Entwicklung wie den ehelichen. Eine wirtschaftliche Benachteiligung der unterhaltspflichtigen Väter kann die Zahlungsansprüche der Unehelichen beeinträchtigen.

Frage c): Wenn in Bahnhöfen Einzelhandelsgeschäfte grundsätzlich nicht den Ladenschlußzeiten nach § 8 des Gesetzes unterworfen werden, ist es dann rechtmäßig, Bahnhofsapotheken speziell den allgemeinen Ladenschlußzeiten zu unterstellen?

Antwort: Ja, denn nach dem Sinn des Ladenschlußgesetzes sollen nur diejenigen Einzelhandelsgeschäfte von den Schließungszeiten ausgenommen werden, die auch nachts und feiertags zur Versorgung der Bevölkerung offenstehen müssen. Das ist in Bahnhofs-Läden, die dem Reisebedarf der Touristen dienen, grundsätzlich der Fall. Bahnhofs-Apotheken dienen dagegen überwiegend dem Bedarf der ortsansässigen Bevölkerung.

Frage d): Dürfen Ärzte, wie es die Gebührenordnung erlaubt, „nach billigem Ermessen" wählen, ob sie von Privatpatienten die ein- oder sechsfache Gebühr erheben?

Antwort: Ja, denn die Gebührenordnung soll einerseits die wirtschaftliche Leistungsfähigkeit des Arztes garantieren, andererseits aber auf die wirtschaftliche Zahlungsfähigkeit des Patienten Rücksicht nehmen. Mit dem Sozialstaatsprinzip ist es jedenfalls vereinbar, wenn der Arzt nach der Einkommenslage des Patienten den Mehrfachsatz kalkuliert. Selbst wenn die Gebührenordnung dem Privatrecht zuzuordnen ist, muß sie doch die Drittwirkung der Grundrechte beachten.

Frage e): Darf der Gesetzgeber einen Zuschlag zur Einkommenssteuer für Großstadtbewohner erheben, um den Bevölkerungszulauf in Ballungszentren abzuschwächen?

Antwort: Nein, denn der mit dem Steuergesetz beabsichtigte Zweck darf nicht durch sachfremde Mittel, die diesen Zweck überhaupt nicht erfüllen können, beeinträchtigt werden. Zweck der Steuergesetze ist es, Ausgaben der öffentlichen Haushalte über Umlagen an Bürger – je nach Leistungsstärke – zu finanzieren. Es ist nicht Zweck der Steuergesetze, Bevölkerungsverschiebungen aus Gründen der Landesplanung und Wirtschaftsstrukturpolitik zu betreiben. Hier hätte der Gesetzgeber willkürlich gehandelt.

Frage f): Ist es verfassungsgemäß, mittelständische Einzelhandelsbetriebe dadurch zu fördern, daß Warenhäusern generell untersagt wird, Rabatte zu gewähren?

Antwort: Ja, wenn die Handlungsfähigkeit nach Art. 2 I GG, nämlich der Wettbewerb, nicht zu Lasten einer Gruppe ungerechtfertigt beeinträchtigt wird. Im vorliegenden Fall kann dagegen der Rabatt als Werbemittel eingeschränkt werden, wenn eine andere Wirtschaftsgruppe, nämlich die Warenhäuser, besseren Einkaufsmöglichkeiten haben und dadurch im Wettbewerb gegenüber den Einzelhandelsgeschäften bevorteilt sind. Die Zweckmittelrelation ist nicht überzogen, da die günstigeren Einkaufsmöglichkeiten durchweg über dem wirtschaftlichen Werbeeffekt der Rabattgewährung liegen.

B. Wirtschaftsgesetz und -verwaltung

VI. Das Gesetz als Rechtsgrundlage (Art. 20 III GG)

Nach Art. 20 Abs. III GG ist die Gesetzgebung an die verfassungsmäßige Ordnung des Grundgesetzes, die vollziehende Gewalt und die Rechtsprechung sind an Gesetz und Recht gebunden. Das bedeutet, daß die Verfassung vom Gesetzgeber, Gesetz und Recht von Regierung, Verwaltung sowie Justiz zu beachten sind. Verwaltung und Rechtsprechung dürfen in bestimmten Fällen auch ohne Gesetze Verwaltungsakte bzw. Urteile erlassen: Die Gerichte können ortsübliches Gewohnheitsrecht ergänzend zum Gesetz berücksichtigen; Verwaltungsbehörden können auch ohne Rechtsansprüche des Bürgers Förderungsmittel bewilligen, sofern sie die notwendigen Haushaltsmittel vom Parlament bewilligt bekommen.

Dennoch bindet der Gesetzgeber gerade die Verwaltung in erheblichem Maße: Niemand darf ohne gültiges Gesetz durch die Verwaltung belastet werden. Dieser allgemeine Gesetzesvorbehalt der Legislative gegenüber der Exekutive ergibt sich nicht allein aus Art. 20 Abs. III GG (Recht genügt nicht), sondern aus den Grundrechten der Freiheit und des Eigentums.

Beispiele dafür, daß die Verwaltung für belastende Eingriffe durch Gesetz ermächtigt sein muß: Das Gewerbeaufsichtsamt verlangt von einem Industriebetrieb wegen gefährlicher Abgase höhere Schornsteine und beruft sich dabei auf das Immissionsschutzgesetz. Das Ordnungsamt verlangt vom Gaststätteninhaber die Einrichtung einer Toilettenanlage gemäß Gaststättengesetz. Das Bauordnungsamt erteilt eine Baugenehmigung zur Errichtung einer Betriebsstätte mit einer Vielzahl von feuerpolizeilichen Auflagen z. B. Eisentüren, Fluchtweg etc.

Auch die Baugenehmigung in dem letztgenannten Beispiel unterliegt dem sog. Gesetzesvorbehalt, obwohl die Erteilung einer Genehmigung im Grunde ein begünstigender Verwaltungsakt ist. Da mit der Erteilung der Genehmigung aber Auflagen verbunden sind, die den Antragsteller belasten, ist der begünstigende Verwaltungsakt mit einem belastenden verbunden und darum nur aufgrund eines Gesetzes möglich. In Wahrheit ist sogar die Vorschrift, daß eine Baugenehmigung oder eine gewerbepolizeiliche Erlaubnis überhaupt beantragt werden muß, eine Einschränkung in der Handlungsfreiheit des Bürgers; eine solche kann eben nur durch Gesetz vorgeschrieben werden.

Frage: Welche Möglichkeiten hat der Firmeninhaber, wenn nach seiner Ansicht die Verwaltungsbehörde die gesetzlichen Vorschriften zu seinem Nachteil falsch anwendet?

Antwort: Er kann die Verwaltungsgerichte anrufen, die prüfen, ob die Behörden das Gesetz richtig angewandt haben. Denn auch die Gerichte sind in ihrer Rechtsprechung an Gesetz und Recht gebunden.

Fall: Ein Bundesland erläßt ein Naturschutzgesetz, nach dem erhaltungswürdige Landschaften mit seltenen Pflanzen von jeder Bebauung freizuhalten sind und dort vorhandene Wohnhäuser beseitigt werden müssen. Aufgrund dieses Gesetzes verlangt das Bauordnungsamt im Naturschutzgebiet N. den Abbruch eines Wohnhauses mit einer kleinen handwerklichen Tischlerei. Der Tischler ficht daraufhin beim Verwaltungsgericht die Abbruchsverfügung des Bauordnungsamtes an. Das Gericht stellt fest, daß die Behörde das neue Naturschutzgesetz durchaus korrekt angewandt hat; es habe aber Zweifel, ob das Gesetz der verfassungsmäßigen Ordnung entspricht. Was kann das Gericht tun?

Lösung: Jedes Gericht kann nach Art. 100 Abs. I GG im Wege einer sog. *konkreten Normkontrolle* beim Bundesverfassungsgericht anfragen, ob ein Bundes- oder Landesgesetz der Verfassung entspricht. Nach § 80 Bundesverfassungsgerichtsgesetz muß das Gericht angeben, mit welcher übergeordneten Rechtsnorm die anzuwendende Rechtsvorschrift nicht vereinbar ist. Im vorliegenden Fall könnte das Naturschutzgesetz gegen die Eigentumsgarantie des Art. 14 GG verstoßen.
Begründet ist die konkrete Normkontrolle bereits dann, wenn das Naturschutzgesetz ohne Entschädigung zur Beseitigung von Wohngebäuden verpflichtet. Die Verpflichtung zum Abbruch eines Hauses stellt eine Enteignung nach Art. 14 Abs. III GG dar. Darüber hinaus ist fraglich, ob die Verpflichtung überhaupt zum Wohle der Allgemeinheit – nämlich zur Erhaltung der Naturschutzgebiete – erforderlich ist.

Merke zum Begriff „Gesetz“: Vom Gesetz sind *Rechtsverordnungen* und Verwaltungsvorschriften zu unterscheiden! Gesetze im formellen Sinn werden vom Bundestag oder vom Landtag im Rahmen ihrer Gesetzgebungskompetenz beschlossen. Aufgrund eines Bundes- oder Landesgesetzes kann die Regierung ermächtigt werden – so die Bundesregierung nach Art. 80 GG – Einzelheiten zu bestimmten Gesetzesregelungen durch Verordnung zu bestimmen. Dabei

kann es sich z. B. um die Voraussetzung für einen Leistungsanspruch des Bürgers handeln oder um nähere Bedingungen, unter denen ein Eingriff in Gewerbebetriebe nach dem Gesetz möglich ist. Inhalt, Zweck und Ausmaß des Umfangs einer solchen Verordnung müssen allerdings durch Gesetz bestimmt sein.
Die *Verwaltungsvorschriften* schließlich enthalten lediglich die Anweisung an nachgeordnete Dienststellen, wie sie Gesetze mit einem gewissen Ermessensspielraum auszuführen haben. Das hat besondere Bedeutung bei begünstigenden Verwaltungsakten – etwa im Subventionswesen –, wo die Verwaltung eine Richtschnur erhalten soll, gemäß Art. 3 GG bei Fällen gleichen Sachverhalts in gleicher Weise zu verfahren. Der Bürger kann sich auch auf derartige interne Dienstanweisungen berufen, wenn sich daraus ergibt, daß gerade in seinem Fall die Verwaltungsbehörde grundlos von ihrer üblichen Entscheidungspraxis abgewichen ist (s. u. Kap. C. und D. zum Ermessen der Verwaltungsbehörde).
Schließlich gibt es noch *Satzungen,* die von Körperschaften des öffentlichen Rechts gegenüber ihren Mitgliedern oder Benutzern erlassen werden. Sie müssen allerdings wie Rechtsverordnungen auf einem Gesetz beruhen, durch das der Bund oder das Land im Rahmen seiner Gesetzgebungskompetenz eine Körperschaft zum Erlaß von Satzungen ermächtigt. Die Satzungsbefugnis ist das Zeichen eines sog. Selbstverwaltungsrechts, wie es kommunalen Gemeinden oder Kammern (z. B. IHK, Handwerkskammer) zusteht.

VII. Gesetzgebungskompetenz

Da die Bundesrepublik Deutschland nach Art. 20 GG ein Bundesstaat ist, sind nicht nur der Bund, sondern auch die Bundesländer an der Gesetzgebungskompetenz beteiligt. Ebenso sind die Länder an der Verwaltung und an der Rechtsprechung mit eigenen Organen und Behörden beteiligt (Art. 83, 92 GG).
Bei den drei Gewalten – Legislative, Exekutive, Judikative – ist das Schwergewicht zwischen Bund und Ländern unterschiedlich verteilt: Bei der Gesetzgebung dominiert eindeutig der Bund, obwohl nach Art. 70 GG grundsätzlich die Länder das Recht der Gesetzgebung haben. Die Art. 71–76 weisen jedoch dem Bund eine derartige Fülle an Kompetenzen in der ausschließlichen, konkurrierenden und Rahmengesetzgebung zu, daß den Bundesländern praktisch nur noch die Kompetenz im Schul-, Kommunal- und Polizeirecht verbleibt.
In der Wirtschaftsgesetzgebung hat der Bund mit Art. 74 Nr. 11 eine Generalermächtigung erhalten, ebenso für das Arbeitsrecht Ziff. 12. *Konkurrierende* Gesetzgebung heißt, daß Ländergesetze nur solange gelten, bis der Bund in diesem Rechtsgebiet eigene Gesetze erläßt. Dann sind die Ländergesetze hinfällig, denn Bundesrecht bricht Landesrecht (Art. 31 GG). Ein Bedürfnis nach

bundesgesetzlicher Regelung läßt sich gemäß Art. 72 Abs. 2 in dreifacher Weise regelmäßig mühelos begründen.
Konkurrierende Gesetzgebung im Wirtschaftsrecht gibt es außerdem noch im Kartellrecht (Nr. 16), im Wirtschaftsstrafrecht (Nr. 1) sowie in Nr. 15 und 17 des Art. 74 GG.

Frage: In welchen Bereichen hat der Bund das *ausschließliche* Gesetzgebungsrecht (Art. 73 GG) für Wirtschaftsangelegenheiten?

Antwort: Nach Art. 71 kann das Land in diesem Bereich nur mit Zustimmung des Bundes gesetzgeberisch tätig werden; das sind im Wirtschaftsrecht vor allem das Währungs-, Zoll- und Außenhandelsrecht sowie der gewerbliche Rechtsschutz.

In der *Rahmen*gesetzgebung des Art. 75, der das Wirtschaftsrecht nicht berührt, muß den Ländern allerdings das Recht verbleiben, über Ausführungsvorschriften hinaus wesentliche Kernbereiche selbst zu regeln, vor allem dann, wenn typische Landesverhältnisse berücksichtigt werden müssen.

Fall: Der Landtag eines Bundeslandes hat eine Veränderung seiner Verfassung derart beschlossen, daß Unternehmen, die Energie erzeugen, in Gemeineigentum überführt werden sollen. Außerdem erläßt der Landtag ein Energiewirtschaftsgesetz, das zu dem des Reiches von 1935 im Widerspruch steht. Die X-Fraktion im Deutschen Bundestag will dagegen angehen; was kann sie tun?

Lösung: Die X-Fraktion könnte eine *abstrakte Normenkontrolle* gemäß Art. 93 Nr. 2 GG vor dem Bundesverfassungsgericht einleiten, um überprüfen zu lassen, ob der Artikel der Landesverfassung und das Landesenergiewirtschaftsgesetz mit dem Grundgesetz oder dem sonstigen Bundesrecht vereinbar ist. (Siehe auch § 76 Bundesverfassungsgerichtsgesetz).
Die X-Fraktion ist antragsberechtigt, wenn sie ein Drittel der Mitglieder des Bundestages vertritt.
Der Antrag der X-Fraktion ist begründet, wenn (a) die Landesverfassung, (b) das Landesgesetz gegen Bundesrecht verstoßen.

Zu (a): Der Sozialisierungsartikel der Landesverfassung verstößt nicht nur gegen einfaches Bundesrecht, sondern sogar gegen das Grundgesetz Art. 15, nach dem Produktionsmittel zum Zwecke der Vergesellschaftung in Gemeineigentum überführt werden können, aber nicht müssen. Er verstößt auch gegen einfaches Bundesrecht, soweit der Bund im Rahmen der konkurrierenden Gesetzgebung nach Art. 74 Nr. 15 die Überführung von Produktionsmitteln in Gemeineigentum bereits gesetzlich geregelt hat.

Zu (b): Das Landesenergiewirtschaftsgesetz wird gemäß Art. 31 GG durch Bundesrecht gebrochen, wenn das Reichsenergiewirtschaftsgesetz als Bundesrecht fortgilt (siehe Art. 123 GG). Das kann es aber nur, wenn der Bund auch heute noch für diesen Bereich die vorrangige Gesetzgebungskompetenz hat. Für den Bereich der Energiewirtschaft ist das zumindest gemäß Ziff. 11a des Art. 74 GG der Fall.

Beide Anträge sind daher begründet.

VIII. Gesetzgebungsverfahren bei Bundesgesetzen

An der Entstehung von Bundesgesetzen sind alle obersten Bundesorgane beteiligt, auch das Bundesverfassungsgericht im Streitfalle. Um das komplizierte Verfahren, das in den Art. 76 bis 82 GG geregelt ist, zu veranschaulichen, sind die sieben Etappen in der folgenden Gliederung dargestellt:

1) Initiative: B.-Regierung oder B.-Rat oder Gruppe des B.-Tages (Art. 76 I)
2) Stellungnahme: B.-Rat bzw. B.-Regierung (76 II, III)

3) Beschluß[a]:	B-Tag (77 I)
4) Einspruchsrecht oder Ablehnungsrecht[b]:	B.-Rat (77 III oder II)
5) Zurückweisung des Einspruchs: (sofern kein Ablehnungsrecht des B.-Rates)	B.-Tag (77 IV)
6) Ausfertigung des Gesetzes[c]:	B.-Präsident (82 I)
7) Verkündigung:	B.-Gesetzblatt (82 I)

Zu a) 3 Lesungen, dazwischen Ausschußberatungen mit Anhörung von Verbänden etc.

Zu b) Bei Ablehnungsrecht des Bundesrates ist dessen Zustimmung erforderlich, sonst Gesetz gescheitert. Zustimmungspflichtig: Verfassungsänderung (79 II), Ausführungsvorschriften für Behörden der Länder (84, I, V, 85 I), gemeinsame Bund-Länder-Steuern (105 III, 106 IV, V, 107 I).

Zu c) Prüfung auf verfassungsgemäßes Zustandekommen.

Fall: Auf Initiative der Bundesregierung hat der Bundestag ein Subventionsgesetz erlassen, durch das unter anderem die allgemeine höhere Verwaltungsbehörde der Bundesländer verpflichtet wird, die Förderungswürdigkeit nach bestimmten Richtlinien des Bundes selbständig zu prüfen. Der Bundesrat lehnt das Subventionsgesetz ab. Der Bundestag behandelt die Ablehnung als Einspruch und weist diesen zurück. Der Bundespräsident verweigert die Ausfertigung des Gesetzes, weil er das Gesetz für zustimmungspflichtig durch den Bundesrat hält. Wie kann die Regierung den Bundespräsidenten zur Gesetzesunterschrift zwingen?

Lösung: Die Bundesregierung könnte eine sog. *Organstreitigkeit* gemäß Art.

93 Abs. 1 Nr. 1 GG vor dem Bundesverfassungsgericht erheben (siehe auch § 13 Nr. 5 Bundesverfassungsgerichtsgesetz). *Zulässig* ist der Antrag dann, wenn dargetan wird, daß ein oberstes Bundesorgan seine Rechte oder Pflichten verletzt oder doch zumindest unmittelbar gefährdet. Der Bundespräsident könnte pflichtwidrig gehandelt haben, wenn er das ihm vorgelegte Subventionsgesetz überhaupt nicht geprüft hat. Die Klage ist aber auch dann zulässig, wenn die Bundesregierung dartut, daß der Präsident aus rechtsfehlerhaften Gründen die Gesetzesunterschrift verweigert.
Gemäß § 63 Bundesverfassungsgerichtsgesetz kann die Bundesregierung Antragsteller und der Bundespräsident Antragsgegner sein. Die Befugnis, einen derartigen Antrag zu stellen, setzt nach § 64 Bundesverfassungsgerichtsgesetz voraus, daß die Bundesregierung geltend macht, durch die Unterlassung des Bundespräsidenten in ihren durch das Grundgesetz übertragenen Rechten verletzt oder unmittelbar gefährdet zu sein. Das Gesetzesinitiativrecht der Regierung, das hier die Durchsetzung wirtschaftspolitischer Maßnahmen einleiten soll, ist beeinträchtigt, wenn der Präsident die Gesetzesausfertigung in rechtswidriger Weise unterläßt.
Der Regierungsantrag in der Organstreitigkeit ist *begründet,* wenn der Präsident rechtsfehlerhaft die Unterschrift verweigert hat; zustimmungspflichtig durch den Bundesrat ist jedoch ein Bundesgesetz dann, wenn es – wie hier – gemäß Art. 84/85 GG den Landesbehörden die Ausführung der Bundesgesetze vorschreibt. Damit ist der Regierungsantrag als unbegründet zurückzuweisen.

IX. Bundes- und Länderverwaltung

Die Ausübung staatlicher Befugnisse und die Erfüllung staatlicher Aufgaben sind zwar nach Art. 30 GG grundsätzlich Sache der Länder, soweit das Grundgesetz keine „andere Regelung“ trifft oder zuläßt. Diese anderen Regelungen sind jedoch im Bereich der Gesetzgebungskompetenz so zahlreich – wie ausgeführt –, daß der Bund als der eigentliche Gesetzgeber anzusehen ist. Demgegenüber liegt das Schwergewicht der Verwaltung bei der Ausführung von Gesetzen eindeutig bei den Ländern:

1. Bundesgesetze werden nach Art. 86/87 GG nur in wenigen Ausnahmefällen (Auswärtiger Dienst, Eisenbahn, Post, Bundeswehr etc.) durch bundeseigene Verwaltung ausgeführt. Besonders im Bereich der Wirtschaftsverwaltung hat der Bund einige Bundesoberbehörden und Bundesanstalten eingerichtet; Mittel- und Unterbehörden stellt jedoch regelmäßig die Landesverwaltung (Art. 87 III GG).

2. Im übrigen werden die Bundesgesetze nach Art. 83/84 GG durchweg von den Ländern als eigene Angelegenheiten vollzogen. Das bedeutet, daß der Bund bei der Ausführung von Gesetzen keine sachlichen Weisungen im Einzelfall erteilen darf, die Bundesregierung kann lediglich mit Zustimmung des Bundesrates allgemeine Verwaltungsvorschriften erlassen.
3. In besonderen Fällen führt das Land Bundesgesetze im Auftrage des Bundes aus (Art. 85 GG); sie beschränken sich auf Bundesautobahnen, Bundesstraßen und Bundeswasserstraßen usw. (Art. 89/90 GG). Hier hat der Bund das Recht, im Einzelfall sachliche Weisungen zu erteilen.
4. Schließlich führt das Land seine eigenen Landesgesetze als eigene Angelegenheiten aus.

Im Ergebnis beschränkt sich die Bundesverwaltung auf Oberbehörden; das Land stellt die Mittel- und nachgeordneten Behörden. Die folgende Gliederung veranschaulicht das für das Wirtschaftsressort:

Wirtschaftsverwaltung des Bundes

Oberste Bundesbehörden: Ministerium für Wirtschaft

a) *unmittelbar:*
Bundesoberbehörden: Bundesamt für gewerbliche Wirtschaft, Bundeskartellamt, Bundesaufsichtsamt für das Versicherungswesen, Bundesstelle für Außenhandelsinformation usw.

b) *mittelbar:*
Bundesanstalten als selbständige juristische Personen.

Wirtschaftsverwaltung des Landes

Oberste Landesbehörden: Ministerium für Wirtschaft

a) *unmittelbar:*
Landesmittelbehörden: Regierungspräsidenten (Wirtschaftsabteilung)
Nachgeordnete Behörden: u. a. Gewerbeaufsichtsamt

b) *mittelbar:*

(aa) Gebietskörperschaften:
Landkreise oder kreisfreie Städte,
Gemeinden (Ordnungs-, Gewerbe-,
Wirtschaftsförderungsamt

(bb) Personalkörperschaften:
Industrie- und Handelskammer,
Handwerkskammer etc.

Die Praxis der Wirtschaftsverwaltung sieht danach in zwei Bereichen folgendermaßen aus: a) Im Subventionswesen bescheinigt z. B. das Bundesamt für gewerbliche Wirtschaft die Förderungswürdigkeit in Form eines Verwaltungsaktes nach dem Investitionszulagegesetz. Den hierfür erforderlichen Antrag auf Bescheinigung der Förderungswürdigkeit nimmt die Landesmittelbehörde entgegen, und zwar durch die Wirtschaftsabteilung des Regierungspräsidenten. Bei verschiedenen Förderungsprogrammen beteiligt der Regierungspräsident wiederum die Industrie- und Handelskammer mit einer begutachtenden Stellungnahme. Der Regierungspräsident kann auch die Landkreise beteiligen. b) In der Eingriffsverwaltung wird die Gewerbeordnung durch die Ordnungsabteilung der Landkreise oder durch die Ordnungsämter größerer Gemeinden vollzogen, also durch nachgeordnete Behörden. Der Regierungspräsident übt die Fachaufsicht aus. Genehmigungen nach dem Bundesimmissionsschutzgesetz erteilt das Gewerbeaufsichtsamt des Landes, das ebenfalls dem Regierungspräsidenten nachgeordnet ist.
Sinn dieser Verlagerung von Verwaltungskompetenzen auf nachgeordnete Dienststellen ist das Bestreben, bürgernah zu verwalten und aufgeblähte Zentralbehörden zu vermeiden. Durch die zunehmend erforderliche fachliche Spezialisierung der Verwaltung entsteht allerdings eine permanente Gegentendenz, Detailfragen in Mittel- und Oberbehörden zu entscheiden.

Frage: Wenn ein Bundesland ein Bundesgesetz als eigene Angelegenheit auszuführen hat, dieses jedoch in einem umständlichen Verwaltungsverfahren mit wenig fachkundigen Behörden vollzieht, was kann die Bundesregierung dagegen unternehmen?

Antwort: Sie kann unter den Voraussetzungen des Art. 84 II GG allgemeine Verwaltungsvorschriften erlassen, Beauftragte zu den obersten Landesbehörden entsenden und schließlich über den Bundesrat an das Bundesverfassungsgericht gehen: mit einer sog. Streitigkeit aus dem Bund-Länderverhältnis nach Art. 93 Abs. 1 Nr. 3 (siehe auch § 13 Nr. 8 Bundesverfassungsgerichtsgesetz).

X. Selbstverwaltung

Nach Art. 28 II GG haben die Gemeinden und Gemeindeverbände (Kreise) alle Angelegenheiten der örtlichen Gemeinschaft im Rahmen der Gesetze in eigener Verantwortung zu regeln. Mit diesen Selbstverwaltungsangelegenheiten sind in erster Linie örtlich unterschiedlich anfallende Aufgaben genannt, zu denen die Gemeinden bzw. Gemeindeverbände weder durch Bundes- noch Landesgesetz verpflichtet sind. Bei der Errichtung von Kindergärten, Sportplätzen, Badeanstalten, Altersheimen etc., ja sogar bei der Bereitstellung und

Erschließung von Grundstücken für ansiedlungswillige oder erweiterungsbedürftige Betriebe im Rahmen der Wirtschaftsförderung, ist die Gemeinde in ihrer Entscheidung frei. Das bedeutet, daß die Landesregierung durch nachgeordnete Kommunalaufsichtsbehörden *lediglich eine Rechtsaufsicht* in der Weise ausüben darf, daß die Gemeinden ihre Selbstverwaltung auch nach Maßgabe der Gesetze ausführen (Art. 28 II GG). Nachgeordnete und damit weisungsgebundene Dienststellen sind Gemeinden und Landkreise lediglich in den Bereichen, in denen sie Bundes- oder Landesgesetze im Auftrage des Landes ausführen.

Beispiel: Das Ordnungsamt der Gemeinde G. unterliegt der fachlichen Weisung im Einzelfall durch das Landeswirtschaftsministerium bzw. durch den ihm nachgeordneten Regierungspräsidenten oder den Landkreis. Das Wirtschaftsförderungsamt derselben Gemeinde kann dagegen nach eigenem Ermessen entscheiden, ob es diesem oder jenem Betrieb ein wie auch immer geartetes Grundstück aus Gemeindevermögen zum Zwecke der Betriebsansiedlung übereignen will. Dabei unterliegt allerdings der Rechtsaufsicht die korrekte Verwendung gemeindlicher Steuermittel, etwa zum Zwecke der Verbesserung der Wirtschaftsstruktur; auch hat das Wirtschaftsförderungsamt die Rechtsgrundsätze des Ermessens (Art. 3 GG) zu beachten.
Da auch Gemeinden und Gemeindeverbände der *verfassungsmäßigen Ordnung* des Art. 28 I GG entsprechen müssen, ist ihr oberstes Gremium – der Rat – vom Volk zu wählen. Der Rat bestimmt die Grundzüge der Selbstverwaltung; der Gemeindedirektor führt mit seiner Verwaltung die Beschlüsse aus. Soweit die Gemeinde unmittelbar staatliche Aufgaben nach Bundes- oder Landesgesetz zu erfüllen hat, ist der Gemeindedirektor den vorgesetzten Landesbehörden unmittelbar verantwortlich.
Gemeinden und Gemeindeverbände sind sog. *Körperschaften des öffentlichen Rechts,* deren Mitglieder kraft Gesetzes alle Bürger sind, die in der Gemeinde wohnen. Die Gemeinden werden daher auch „Gebietskörperschaften" genannt. Demgegenüber gibt es eine Vielzahl weiterer Körperschaften des öffentlichen Rechts, deren Mitglieder kraft Gesetzes bestimmte Berufstätige innerhalb einer Region sind. Hierzu gehören vor allem die Kammern für Industrie und Handel, Handwerk, Rechtsanwälte, Apotheker, Ärzte usw.; sie gehören zur Gruppe der sog. „Personalkörperschaften".
Gebiets- und Personalkörperschaften ist zu eigen, daß sie durch Gesetz bestimmte hoheitliche Aufgaben übertragen bekommen, die der Staat nicht durch eigene Behörden sondern durch Institutionen, nämlich Körperschaften regeln will, deren Mitglieder die leitenden Organe selbst wählen und bestimmen. Das in der Anlage abgedruckte Gesetz zur vorläufigen Regelung des Rechts der Industrie- und Handelskammer zeigt im § 1 einen Katalog solcher vom

Staat zugewiesene Aufgaben. Gemäß § 2 gehören kraft Gesetzes alle Personen etc. einer IHK an, die in deren Bezirk eine gewerbliche Niederlassung oder eine Betriebsstätte oder eine Verkaufsstelle unterhalten; sie sind „Zwangsmitglieder". Das trifft nicht nur für die IHK, sondern auch für alle anderen Kammern zu.

Oberstes Organ derartiger Körperschaften des öffentlichen Rechts ist wie bei Körperschaften privaten Rechts (etwa den Vereinen) die Vertreterversammlung. Sie wählt einen Vorstand (häufig auch Präsidium genannt) und bestellt einen oder mehrere Geschäftsführer.

Das Selbstverwaltungsrecht dieser Körperschaften des öffentlichen Rechts erstreckt sich nicht nur auf die selbständige Erledigung der ihnen vom Staat zugewiesenen hoheitlichen Aufgaben. Auch die Finanzierung dieser Aufgaben ist in erster Linie Angelegenheit der Körperschaft selbst. Daher muß z. B. nach § 3 des IHK-Gesetzes die Mitgliederversammlung (hier Vollversammlung genannt, in die Vertreter verschiedener Mitgliedergruppen gewählt sind), eine sog. Beitragsordnung beschließen. Sie ist eine Satzung, durch die die Kammerzugehörigen auf der Grundlage von Gewerbesteuermeßbeträgen zur Finanzierung der Ausgaben herangezogen werden. Nachdem die Beitragsordnung von der Vollversammlung verabschiedet ist, erläßt die Geschäftsführung Beitragsbescheide an die Kammmermitglieder, die diese wiederum als Verwaltungsakte vor den Verwaltungsgerichten anfechten können (siehe zur Lehre des Verwaltungsakts das folgende Kapitel).

Gegenüber der Körperschaft ist die *Anstalt des öffentlichen oder privaten Rechts* kein Organ der Selbstverwaltung, denn bei der Anstalt liegt die wesentliche Willensbildung nicht bei den Mitgliedern bzw. ihrer Vertreterversammlung, sondern der Träger der Anstalt nimmt ständigen Einfluß auf die Geschäftsaufgaben. Ähnlich wie die Anstalt ist auch die Stiftung nicht vom Willen der Benutzer, sondern vom Willen des Stifters, den dieser bei Errichtung der Stiftung einmal erklärt hat, abhängig.

Fall 1: Die Bundesanstalt für Arbeit will aus den von ihr laufend vereinnahmten Beiträgen für die Arbeitslosenversicherung ein Wirtschaftsförderungsprogramm anbieten: Neu errichtete Produktionsunternehmen sollen bei der Schaffung von mehr als 50 Arbeitsplätzen zinsgünstige Darlehen erhalten. Der Bundeswirtschaftsminister widerspricht und weist die Bundesanstalt an, das Programm zurückzuziehen. Kann er das?

Lösung: Der Bundesminister kann grundsätzlich gegenüber der bundeseigenen Verwaltung sogar im Einzelfall Weisungen erteilen.

Die Bundesanstalt ist jedoch eine selbständige juristische Person des öffentlichen Rechts, die Verwaltungsaufgaben mit eigener Organisation und teilweise auch mit eigener Finanzierung wahrnimmt.

Ist die Handlung der Anstalt durch den Zweck ihrer Einrichtung gedeckt, so handelt sie rechtswirksam nach außen. Der Bundesminister könnte jedenfalls nicht die durch Gesetz errichtete Anstalt derart mit Weisungen einengen, daß der gesetzlich bestimmte Anstaltszweck nicht erreicht wird.
Die Bereitstellung von thesaurierten Arbeitslosenbeiträgen zum Zwecke der Schaffung von neuen Arbeitsplätzen für Arbeitslose ist zwar wirtschaftspolitisch sinnvoll; die Bereitstellung der Mittel läßt sich auch vertreten, solange keine Illiquidität in der laufenden Arbeitslosenunterstützung eintritt. Anstaltszweck ist jedoch in erster Linie die Vermittlung von Arbeitslosen an Betriebe und nicht die Vermittlung von Finanzierungsmitteln.
Der Anstaltsträger, das ist die Bundesregierung, hat daher letztlich zu entscheiden, ob über den engeren Anstaltszweck hinaus Arbeitslosenbeiträge für eine begrenzte Laufzeit zum Zwecke der Wirtschaftsförderung verliehen werden.

Fall 2: Ein Landeswirtschaftsminister wies durch Runderlaß alle Handwerkskammern seines Bundeslandes an, ihre Mitgliedschaft im Zentralverband des deutschen Handwerks sofort zu kündigen. In der Begründung hieß es, daß die Kammern Arbeitgeber- und Arbeitnehmerinteressen zu beachten hätten, der Zentralverband sei aber einseitig arbeitgeberbetont. Die Kammern widersprechen dem Erlaß. Zu Recht?

Lösung: Der Landeswirtschaftsminister kann den Kammern in fachlicher Hinsicht keine Weisung im Einzelfall erteilen, da sie durch Gesetz das Recht der Selbstverwaltung erhalten haben.
Das Selbstverwaltungsrecht müssen sie jedoch nach Maßgabe der Gesetze ausführen. Insoweit hat der Wirtschaftsminister wohl eine sog. „Rechtsaufsicht" darüber, ob die Kammern gegen gültige Gesetze verstoßen.
Die Mitgliedschaft in überregionalen Verbänden kann dann rechtswidrig sein, wenn die Kammer hierfür Mitgliedsbeiträge leistet, die mit den gesetzlich bestimmten Aufgaben der Körperschaft öffentlichen Rechts nicht vereinbar sind.
Die gesetzlich bestimmten Aufgaben der Handwerkskammer liegen jedoch nicht nur darin, paritätisch die Gruppeninteressen der kammerangehörigen Meister und Gesellen zu vertreten. Vielmehr soll die Handwerkskammer die Interessen des gesamten Handwerks wahrnehmen und zur Förderung der Handwerksbetriebe beitragen.
Der gesetzlich bestimmte Aufgabenbereich der Handwerkskammer schließt eine mitgliedschaftliche Betätigung in einem überregionalen Dachverband des deutschen Handwerks nicht ohne weiteres aus; als Maßnahme der Rechtsaufsicht ist daher der Runderlaß des Wirtschaftsministers nicht ausreichend zu begründen.

	Körperschaft des öffentl. Rechts (Selbstverwaltung)	Körperschaft des privaten Rechts
Gründungsakt	durch Gesetz des Bundes oder Landes	durch Privatpersonen
Aufgaben	öffentliche Funktionen des Gemeinwohls	private Zwecke: ideelle oder wirtschaftliche
Aufsicht	Rechtsaufsicht des Staates keine fachliche Weisung	keine
Mitglieder	Zwangsmitglied (durch Wohnsitz, Beruf)	freiwilliger Beitritt (durch Mitarbeit, Kapital)
Formen	a) Gebietskörperschaft: Gemeinde, Landkreis b) Personalkörperschaft: berufsständ. Kammern	a) ideell: Verein b) wirtschaftl.: OHG, KG, AG, GmbH, Genossenschaft
Organe	1) Mitgliederversammlung (bzw. Haupt-, Generalversammlung) 2) Vorstand (bzw. Präsidium) 3) Geschäftsführer (bzw. Gemeindedirektor etc.)	1) Mitglieder-, bzw. Gesellschafterversammlung 2) Aufsichtsrat (nur bei Kapitalgesellschaften) 3) Geschäftsführer (bzw. Vorstand genannt)

C. Öffentliches Finanzwesen

XI. Steuern, Gebühren und Beiträge

Die in Kapitel A beschriebenen Grundrechte berechtigen den Bürger gegenüber dem Staat. Die vornehmlich in Art. 104a–108 des Grundgesetzes beschriebene Finanzverfassung der Bundesrepublik ermächtigt den Staat, den Bürger durch allgemeine Steuern zu belasten. Darüber hinaus können öffentliche Abgaben für bestimmte Leistungen auch in Form von Gebühren oder Beiträgen erhoben werden.

Steuern werden ohne konkrete Gegenleistung erhoben und dienen allgemein der Deckung des Finanzbedarfs des Bundes, der Länder und der Gemeinden (Art. 106 GG); ferner sind die Kirchen begünstigt (Art. 140 GG).

In der deutschen Finanzverfassung ist zu unterscheiden, wer die Steuergesetze erläßt, wem die Steuern zustehen und wer die Steuern einzuziehen hat. Nach Art. 105 GG hat der Bund in der Regel die Steuergesetzgebungskompetenz. Ist das Steueraufkommen mit den Bundesländern zu teilen – und das gilt für die wichtigsten Steuerarten –, so muß der Bundesrat dem Steuergesetz des Bundes seine Zustimmung geben.

Die Frage, ob dem Bund oder den Ländern (und über diese auch den Gemeinden) die Steuern zustehen, ist für das Kräfteverhältnis zwischen Bund und Ländern von entscheidender Bedeutung. War in der Weimarer Reichsverfassung das Reich gegenüber den Reichsländern in schwacher Position, so ist nach dem Bonner Grundgesetz der Bundeshaushalt gegenüber den Länderhaushalten ungleich besser ausgestattet. Von entscheidender Bedeutung ist nicht nur der dem Bund allein zustehende Katalog von Steuern, sondern auch der erhebliche Anteil des Bundes an der Einkommen- und Körperschaftssteuer (z. Z. 50%) sowie vor allem der überwiegende Bundesanteil an der umfangreichen Umsatzsteuer; der Bundesanteil, der nach Art. 106 Abs. 4 GG jeweils nach Änderung der Verhältnisse zwischen Bund und Ländern neu festzusetzen ist, schwankte bisher zwischen 63–70%. Unbefriedigend gelöst ist noch der Anteil der Gemeinden, die unmittelbar zu 14% an der Einkommen- und Lohnsteuer beteiligt werden. Die Gewerbesteuer – die bisher wesentliche Gemeindesteuer – soll stufenweise abgebaut werden, um eine Harmonisierung der Steuerlasten innerhalb der EWG vorzubereiten.

Das Bund-Länder-Verhältnis wird auch durch den sog. vertikalen Finanzausgleich zwischen Bund und Ländern beeinflußt. Finanzschwache Länder erhalten nach Art. 107 GG Ergänzungszuweisungen des Bundes oder auch nach Art. 106 Abs. 4 GG besondere Finanzzuweisungen. Durch Bundesgesetz nach Art. 107 Abs. 2 GG wird schließlich auch der sogenannte horizontale Finanzausgleich unter den Ländern geregelt, nach dem leistungsfähige Länder leistungsschwachen einen angemessenen finanziellen Ausgleich zu zahlen haben. Über diese Verfassungsregelungen hinaus hat der Bund weitere Schalthebel erhalten, um auf das Länderverhältnis einzuwirken:

Nach dem Gemeinschaftsaufgabengesetz (Art. 91 a GG) stellt der Bund erhebliche Fördermittel für die gewerbliche Wirtschaft, den Küstenschutz etc. zur Verfügung, den die Länder nur dann in Anspruch nehmen können, wenn sie auch einen entsprechenden Eigenanteil (in der Regel 50%) bereithalten. Da hierzu häufig nur die leistungsstarken Länder in der Lage sind, kommen vornehmlich die in ihrem Land gelegenen gewerblichen Betriebe, Infrastruktureinrichtungen etc. in den Genuß der Bundesfördermittel.

Beim Einzug der Steuer hat der Bund über Art. 108 GG ebenfalls ein weitgehendes Mitwirkungsrecht, sei es durch eigene Bundesfinanzbehörden oder durch Länderfinanzbehörden, die teilweise der Weisungskompetenz des Bundes unterliegen.

Gegenüber den Steuern sind Gebühren und Beiträge durch das Grundgesetz nicht besonders geregelt; dafür ist jedoch die Berechtigung des Staates oder einer öffentlich-rechtlichen Körperschaft, Gebühren oder Beiträge zu erheben, stark eingeschränkt:

Gebühren dürfen nur als Gegenleistung für eine besondere Inanspruchnahme oder Leistung der Verwaltung erhoben werden. Das bedeutet, daß die Gebühren nur die persönlichen und sächlichen Kosten für den Verwaltungsaufwand decken dürfen und nicht noch andere Aufgaben mit finanzieren dürfen. Nun ist es in der Verwaltungspraxis häufig ausgeschlossen, daß die Kosten für eine bestimmte Leistung speziell abgerechnet werden; es muß aber der Aufwand in einem möglichst klein umrissenen Verwaltungs- oder Leistungsbereich ermittelt und in einem Verhältnismaßstab auf die Nutznießer umgelegt werden.

Fall: In einem kommunalen Schlachthof läßt der Schlachter S. seine Schweine in verschiedenen Räumen schlachten, zerlegen, verarbeiten und kühl aufbewahren. Die Gemeinde erhebt für alle vier Leistungen gesonderte Gebühren, wobei die Kühl- und Verarbeitungsgebühren höher als die dort entstandenen Kosten sind, während insbesondere die Schlachtgebühr unter dem Selbstkostenpreis der Gemeinde liegt. Der Schlachter S. ficht den Gebührenbescheid an.

Lösung: Nach dem *Kostendeckungsprinzip* sind die Leistungen für Schlachten, Zerlegen, Verarbeiten und Kühlen gesondert zu berechnen, wenn dies technisch möglich ist. Ein „Finanzausgleich" innerhalb der verschiedenen Leistungen darf nur dann vorgenommen werden, wenn die Errechnung der verschiedenen Leistungen einzeln nicht möglich ist, etwa weil gemeinsame technische Anlagen benutzt werden. Die Gemeinde darf daher den Schlachter S. nicht mit erhöhten Schlachtgebühren belegen, da sie dadurch anderen Schlächtern, die nicht die Verarbeitungs- und Kühlungsräume benutzen, ein billigeres Schlachten ermöglicht auf Kosten des S.

Selbst wenn die Kosten für das Schlachten einerseits und des Verarbeitens und Kühlens andererseits nicht spezifiziert abgerechnet werden können, so darf die Gemeinde nicht eine unverhältnismäßig hohe Kühl- oder Verarbeitungsgebühr erheben, die zu dem Wert bzw. Nutzen der gebotenen Leistung im Mißverhältnis steht. Denn neben dem sogenannten Kostendeckungsprinzip besteht für die Erhebung von Gebühren das sogenannte *Äquivalenzprinzip;* es bedeutet, daß kein Nutznießer einer öffentlichen Einrichtung übermäßig belastet werden darf: die gebotene Leistung muß der Gebühr entsprechen, das heißt äquivalent sein.

Gebühren werden vor allem von kommunalen Versorgungsbetrieben erhoben, etwa für Straßenreinigung, Müllabfuhr, Wasserversorgung etc.

Beiträge werden im Gegensatz zu Gebühren von Mitgliedern öffentlich-rechtlicher Körperschaften erhoben, um bestimmte Aufgaben zu finanzieren. Sie sind damit wie die Gebühren Entgelte für Leistungen an die Mitglieder. Im Unterschied zu den Gebühren sind die Beiträge der Mitglieder jedoch auch dann zu entrichten, wenn das einzelne Mitglied keine Leistungen in Anspruch nimmt. So zahlen Ärzte, Rechtsanwälte oder Gewerbetreibende Mitgliedsbeiträge an die berufsständischen Kammern selbst dann, wenn sie die Berufsberatung oder Ausbildungseinrichtungen der Kammern nicht in Anspruch nehmen. In jedem Fall muß für die Erhebung von Beiträgen wie bei den Gebühren eine gesetzliche Grundlage bestehen. Die Kammern, Verbände oder sonstigen Körperschaften des öffentlichen Rechts müssen also durch ihren gesetzlichen Gründungsakt das Recht auf Erhebung von Beiträgen erhalten.

Frage: Darf eine Industrie- und Handelskammer den Kaufpreis für den Erwerb eines neuen Verwaltungsgebäudes über eine einmalige Beitragserhöhung finanzieren? Darf der Mitgliedsbeitrag für die einzelnen Gewerbebetriebe nach der Anzahl ihrer Beschäftigten gestaffelt sein? Darf die Kammer für die Ausbildung und Prüfung von Kaufmannsgehilfen von den Handelsbetrieben unter ihren Mitgliedern gesonderte Beiträge verlangen?

Antwort: Siehe zu Frage 1) § 3 Abs. 2 des Gesetzes zur vorläufigen Regelung des Rechts der Industrie- und Handelskammern (Abdruck in der Anlage), siehe zu Fragen 2) und 3) die Abs. 3 und 5 des zitierten § 3.

XII. Haushaltsplan

Die staatliche Haushaltswirtschaft (Art. 109–115 GG) unterscheidet sich nicht nur in ihrer Verfassung, sondern auch in ihrer Zweckbestimmung von dem Finanzsystem der Privatwirtschaft. Letztere ist am Gewinn orientiert, der Staat an der Erfüllung einer Vielzahl von Aufgaben. Demnach sind die Parlamente des Bundes, der Länder und der Gemeinden daran interessiert, ihre Regierung oder Exekutivorgane vor allem für die Erfüllung bestimmter öffentlicher Aufgaben finanziell auszustatten. Damit die Parlamente ihre Kontrollbefugnis gegenüber den Regierungen wahren können, gilt der Haushaltsplan in der Regel nur für 1 Jahr. Das hierfür erforderliche Gesetz muß vom Parlament vorher verabschiedet werden (Art. 110 Abs. 2 GG). Der Haushaltsplan soll alle Einnahmen und Ausgaben vollständig kalkulieren und möglichst klar veranschlagen. Im Haushaltsgrundsätzegesetz (§ 12 Abs. 1 Satz 1) ist dazu das Prinzip der Bruttoveranschlagung vorgesehen, die eine getrennte Ausweisung von Einnahmen und Ausgaben ohne Vorwegabzug verlangt. Das sog. zeitliche Bepackungsverbot (Art. 110 Abs. 4 Satz 1 und 2 GG) fordert, daß grundsätzlich nur Verpflichtungen oder Ermächtigungen für den einjährigen Lauf des Haushaltsgesetzes eingegangen oder erteilt werden.
Mit der Verabschiedung des Haushaltsplanes in Form eines Gesetzes wird also die Regierung zu einem sehr frühen Zeitpunkt finanziell gebunden. Insoweit unterscheidet sich die Stellung der öffentlichen Exekutive grundlegend von der Geschäftsführung privater Wirtschaftsbetriebe. Diese werden nur partiell durch Aufsichtsrat und Gesellschafter in ihrer Einnahmen- oder Ausgabenseite limitiert. Vielmehr richtet sich das Interesse der Kontrollorgane privatrechtlicher Gesellschaften auf die Ergebnisrechnung. Der sog. Wirtschaftsplan, der in etwa dem Haushaltsplan verwandt wäre, ist lediglich eine Ausgaben- und Einnahmenplanung der Geschäftsführung selbst, um das voraussichtliche Ergebnis des Geschäftsjahres im voraus zu kalkulieren.
Demgegenüber richtet sich das Interesse der staatlichen oder kommunalen Parlamente weniger darauf, mit welchen Einnahmen- oder Ausgabenresten der Haushaltsplan vollzogen ist. Sicherlich wird diese oder jene Fraktion oder ein Abgeordneter nach Ablauf des Haushaltsplanes Kritik üben, wenn für eine von ihr bzw. ihm beantragten Maßnahme nicht alle Haushaltsmittel verbraucht sind oder zuviel Geld ausgegeben worden ist. Das Ergebnis, die sog. Jahres-

schlußrechnung des öffentlichen Haushalts, hat jedoch gegenüber der Jahresrechnung der Privatwirtschaft erheblich geringere Bedeutung. Etwas anderes gilt für die staatlichen oder kommunalen Wirtschaftsbetriebe, die eine sog. Wirtschaftsrechnung nach der Eigenbetriebsverordnung aufstellen.
Der privatwirtschaftlichen Ergebnisrechnung, der Vermögensbilanz mit Gewinn- und Verlustrechnung, steht daher im öffentlichen Haushaltswesen kaum Vergleichbares gegenüber.
Das bedeutet allerdings nicht, daß in der öffentlichen Finanzwirtschaft auf Wirtschaftlichkeit verzichtet würde. Gerade die Trennung der öffentlichen Haushalte nach Verwaltungshaushalt und Vermögenshaushalt (im ersteren werden die laufenden Einnahmen und Ausgaben zur Unterhaltung der Einrichtung, im zweiten die Eigen- und Fremdmittel für die Errichtung der öffentlichen Einrichtung aufgeführt) verdeutlicht durchaus, was neuerrichtete öffentliche Institutionen an Folgekosten aufweisen. Die mittelfristige Finanzplanung ist dann ein weiterer Schritt, das Anwachsen der dafür vorgesehenen Haushaltsstellen zu verfolgen. So müssen sich die Parlamente bei der Verabschiedung des Stellenplanes bereits darüber im klaren sein, inwieweit z. B. steigende Personalkosten die frei verfügbare Finanzmasse des öffentlichen Haushalts in den nächsten Jahren verengen, ob dann noch Investitionen für dringende öffentliche Einrichtungen mit den notwendigen Eigenmitteln finanzierbar sind.
Danach bestimmt sich, ob der Staat viele oder wenige Dienstleistungen mit einem bestimmten Steueraufkommen dem Bürger anbietet und danach wird u.a. auch der Erfolg der Regierung und der sie tragenden Parlamentsmehrheit vom Wähler bemessen. Dagegen wird der Erfolg der Geschäftsführung eines privaten Unternehmens nach dem erwirtschafteten Ertrag eingestuft.

XIII. Globalsteuerung

Der öffentliche Haushalt des Bundes, der Länder und damit der Gemeinden darf nicht nur die einzelnen Staatsaufgaben finanziell sicherstellen, sondern er muß dazu beitragen, das gesamtwirtschaftliche Gleichgewicht herzustellen (Art. 109 Abs. 2–4 GG). Haushaltspolitik ist damit ein Mittel der Globalsteuerung der Wirtschaft. Der wirtschaftspolitische Sinn zeigt sich schon bei der Wirtschaftsförderung, wenn Bund und Länder jährlich Milliardenbeträge zur Verbesserung der regionalen Wirtschaftsstruktur ausgeben. Derartige Etatposten – mögen sie noch so hoch dotiert sein – können Arbeitslosigkeit oder wirtschaftliche Stagnation nicht wesentlich beeinflussen, wenn nicht die gesamten öffentlichen Haushaltsmittel in mehr als 100facher Höhe diese Ziele ebenfalls mit berücksichtigen.

Das Gesetz zur Förderung der Stabilität und des Wachstums der Wirtschaft von 1967 (StWG) und im weiteren auch das Haushaltsgrundsätzegesetz von 1969 (HGrG) konkretisieren den Verfassungsauftrag. Bund und Länder haben nach § 1 Satz 2 StWG „im Rahmen der marktwirtschaftlichen Ordnung gleichzeitig zur Stabilität des Preisniveaus, zu einem hohen Beschäftigungsstand und außenpolitischem Gleichgewicht bei stetigem und angemessenem Wirtschaftswachstum beizutragen". Über den Zielkonflikt zwischen Vollbeschäftigung, Wachstum und Preisstabilität wird u. a. bei Investitionsanreizen durch Steuergesetze oder öffentlichen Investitionen, Lohntarifverhandlungen usw. genügend diskutiert, so daß das Gesetz letztlich dem Staat viele Ermessensentscheidungen offen läßt. Eine Rechtspflicht zu bestimmtem Handeln der Regierung ist daher nur schwer ablesbar.

Frage: Welches Bundes- oder Länderorgan wird durch das Stabilitätsgesetz in der Kompetenz erweitert?

Antwort: Die Bundes- bzw. Länderregierungen können durch ihre mittelfristige Finanzplanung, Investitionsprogramme, Sofortigen Förderungsprogramme, konjunkturpolitischen Rechtsverordnungen etc. die Parlamente binden.

Das Gesetz begründet zwar Pflichten, so zur antizyklischen Haushaltsaufstellung (§ 5 StWG). Bei nachlassender Konjunktur sollen die Ausgaben die Einnahmen übersteigen, bei Hochkonjunktur die Steuermehreinnahmen einer Konjunkturausgleichsrücklage zugeführt werden (§§ 7, 14 StWG), um durch zusätzliche öffentliche Aufträge nicht die Preise zu treiben. In der politischen Praxis orientiert sich die Ausgabenpolitik der öffentlichen Hand allerdings sehr stark nach Koalitions- oder Regierungsprogrammen, die nicht selten auf die Wahlzeit der Parlamente zugeschnitten sind. Immerhin haben die Sofortprogramme der Bundes- bzw. Länderregierungen (§ 11 StWG), die bei Rezessionen beschleunigt öffentliche Investitionen fördern, erhebliche Bedeutung bekommen. Ebenso ist der Steuerabzug („Konjunkturzuschlag") bis zu 7,5% der Einkommen- und Körperschaftssteuer, die Aussetzung der Sonderabschreibungen usw. ein willkommenes Steuer, um die Geldströme konjunkturpolitisch zu beeinflussen (§§ 26–28 StWG).

Auch ist die obligatorische Konjunkturausgleichsrücklage (§ 15 StWG) des Bundes und der Länder ein bewährtes Mittel der Liquiditätsabschöpfung. Die Verschuldung der öffentlichen Haushalte kann schließlich über §§ 19ff. StWG kontingentiert werden.

Frage: Wer kann die Bildung der Konjunkturausgleichsrücklage oder die Kontingentierung der Verschuldung der öffentlichen Haushalte verlangen?
a) der Bürger? b) Bundesorgane?

Antwort: a) Der Bürger wird aus keiner Bestimmung des Stabilitätsgesetzes unmittelbar berechtigt oder verpflichtet. b) Die Ermächtigung oder die gesetz-

liche Pflicht zum Handeln besteht ausschließlich für Bundes- oder Länderorgane. Das Parlament kann die Regierung zum Handeln auffordern.
Ergänzungsfrage: Wie kann die Bundesregierung oder (falls ein Gesetz bzw. eine Gesetzesänderung erforderlich ist) der Bundestag zum Handeln gezwungen werden?
Antwort: Die übrigen Bundesorgane können beim Bundesverfassungsgericht eine sog. Organstreitigkeit nach Art. 93 I Nr. 1 GG geltend machen, wenn ein anderes Bundesorgan rechtlich zum Handeln verpflichtet ist und durch sein Unterlassen gegen eine Gesetzesvorschrift verstößt (s. Fall zu Kap. VIII und Fallschema zu Kap. XXIX).

Der Finanzplanung dienen die Orientierungsdaten für die konzertierte Aktion, die auch die Sozialpartner bei ihren Lohnverhandlungen beeinflussen sollen (§ 3 StWG). Die mittelfristige (d. h. in der Regel fünfjährige) Haushaltsplanung soll den Blick für die notwendigen Ausgaben über die Wahlperiode hinaus lenken (§§ 9ff. StWG). Hierzu gibt der Finanzplan Rechenschaft über die voraussichtliche Deckung der Ausgaben, und das Investitionsprogramm filtert die Ausgaben nach einer Prioritätenrangfolge (§§ 9, 10 und 14 StWG, § 50 HGrG). Sachverständigenrat, Konjunkturrat (§ 18 StWG) und Finanzplanungsrat (§ 50 HGrG) dienen schließlich der Koordination für eine Globalsteuerung der Wirtschaft.

D. Subventionsrecht

XIV. Leistungsverwaltung für die Wirtschaftsstrukturverbesserung

Das Verwaltungsrecht greift immer stärker in den Wirtschaftsablauf ein, sei es als staatliche Wirtschaftsplanung oder als staatliche Wirtschaftslenkung. Die Rechtsbeziehungen zwischen Verwaltung und gewerblicher Wirtschaft konzentrieren sich vor allem auf drei Gebiete: Subventionsrecht (Wirtschaftsförderung), Gewerbeordnungsrecht und Wettbewerbsrecht. Während das Subventionsrecht dem Gewerbetreibenden eine Leistung aus öffentlichen Mitteln – in der Regel auf Antrag – gewährt (sog. Leistungsverwaltung), greifen die Gewerbeordnung und das Wettbewerbsrecht polizeilich in den Wirtschaftsablauf ein, ohne daß ein besonderer Antrag vorliegen muß (sog. Eingriffsverwaltung). Die *Leistungsverwaltung* wird in der juristischen Ausbildung immer noch sekundär behandelt, obwohl sie sowohl im Wirtschaftsverwaltungsrecht als auch im Sozialverwaltungsrecht einen erheblichen Teil der öffentlichen Haushalte des Bundes, der Länder und auch der Gemeinden in Anspruch nimmt. Die juristische Literatur ist insbesondere im Subventionsrecht schon deshalb sehr zurückhaltend, weil hier in der Gesetzesterminologie Rechtsbegriffe vorherrschend sind, die nicht von der Rechtsprechung entwickelt, sondern großenteils aus der Wirtschaftswissenschaft stammen. Das in der Verwaltungspraxis wichtige Gebiet der Wirtschaftsförderung läßt sich daher nur begreifen, wenn mit dem Recht auch die volkswirtschaftlich bestimmten Ziele der Wirtschaftsstrukturpolitik verbunden werden. Verwaltungsrechtlich ist darüber hinaus im Subventionsrecht von Bedeutung, ob ein sog. öffentlich-rechtlicher Anspruch besteht oder ob die Verwaltung in ihrer Bewilligung Ermessensspielraum hat und ggf. welchen. Dazu sollen die folgenden Kapitel eine Übersicht geben.

Mittel: An unmittelbaren Subventionen weist der Bundeshaushalt gegenüber den Länder- und Gemeindehaushalten das größte Finanzvolumen aus. Es wird

in Form von Darlehen gewährt, etwa zur Förderung des sozialen Wohnungsbaues nach dem zweiten Wohnungsbaugesetz von 1965. Der Staat übernimmt auch Bürgschaften der öffentlichen Hand, damit insbesondere Exportaufträge in Entwicklungsländer abgesichert werden. Die intensivste Form besteht in verlorenen Zuschüssen, wie sie vor allem durch das Gemeinschaftsaufgabengesetz zur Verbesserung der regionalen Wirtschaftsstruktur und durch das Investitionszulagengesetz gewährt werden.
Die Vielzahl an Förderungsmitteln verteilt sich mehr oder weniger oft über den gesamten öffentlichen Haushalt; bei den Kommunen schließlich versteckt sich die Wirtschaftsförderung in der verbilligten Grundstücksabgabe oder -erschließung. Rechtsgrundlage für die Subvention ist in der Regel das Haushaltsgesetz bzw. die Haushaltssatzung. Es liegt dann im Ermessen der Verwaltungsbehörde, wie sie die Förderungsmittel dem Gesetzeszweck entsprechend verteilt. Nur in der geringeren Zahl der Fälle besteht ein Rechtsanspruch auf Förderungsmittel.

Empfänger: Begünstigt sind entweder Gewerbebetriebe einer bestimmten Branche oder eines bestimmten Gebietes. Die Wirtschaftswissenschaft in ihrem Lehrfach Wirtschaftspolitik unterscheidet vor allem zwischen sektoraler und regionaler Wirtschaftsförderung. Die heute vorherrschende Form ist die regionale Wirtschaftsstrukturpolitik, durch die das Zonenrandgebiet, die Küstenräume sowie andere im Wirtschaftswachstum benachteiligte Gebiete der Bundesrepublik durch Subventionen gefördert werden sollen. Wichtigste Rechtsgrundlage ist das oben schon zitierte Gemeinschaftsaufgabengesetz sowie das Investitionszulagengesetz.
In der sektoralen Wirtschaftsstrukturpolitik ist zuerst die Landwirtschaft umfassend durch das Landwirtschaftsgesetz von 1955 subventioniert worden mit dem Ziel, durch einen sog. Grünen Plan die naturbedingten und wirtschaftlichen Nachteile der Landwirtschaft gegenüber anderen Wirtschaftszweigen auszugleichen und die Produktivität zu steigern. Als zweiter Schwerpunkt folgte der Bergbau 1963 mit Stillegungsprämien (Gesetz zur Förderung der Rationalisierung im Steinkohlenbergbau); zwei Jahre später wurde ein Gesetz zur Förderung der Verwendung von Steinkohle in Kraftwerken erlassen. Über diese beiden Schwerpunkte hinaus werden in einer Vielzahl von Sektionen, z. B. im Handwerk, Schiffsbau, Messewesen, für den Export und für Forschungsanstalten, Subventionen im einzelnen gewährt.

XV. Öffentl.-rechtl. Anspruch auf Wirtschaftsförderung

Im Subventionsrecht kommt es entscheidend darauf an, ob der Gewerbetreibende gegen den Staat oder gegen die Stadt einen Leistungsanspruch geltend machen kann, wenn er bestimmte Voraussetzungen erfüllt. In der Regel – das wird noch näher erläutert – begnügt sich der Staat damit, in seinem Haushalt Finanzmittel zur Förderung auszuweisen. Sind die Mittel erschöpft, kann auch nichts mehr verteilt werden. Dieses Prinzip beherrscht das Gemeinschaftsaufgabengesetz zur Verbesserung der regionalen Wirtschaftsstruktur, in dem sich Bund und Länder in der Aufbringung der Mittel teilen. Schießt das Land seine 50% zur Förderung nicht mehr hinzu, so gewährt auch der Bund kein Geld.
Gerade in der regionalen Wirtschaftsförderung ist der Kreis der Gewerbetreibenden, die für eine Förderung in Frage kommen, fast unübersehbar. Um so seltener sind daher in diesem Bereich Förderungsgesetze zu finden, die dem Gewerbetreibenden einen Rechtsanspruch gegen den Staat gewähren. Anders dagegen in der sektoralen Wirtschaftsstrukturpolitik! Ist der Kreis der Begünstigten einer Branche überschaubar, so wird der Förderungsgeber schon aus Gründen der Wettbewerbsgleichheit alle Firmen bei vorliegenden gleichen Voraussetzungen begünstigen müssen.
Gleichwohl hat das Investitionszulagengesetz vom 24. 2. 1975 gewagt, für bestimmte Investitionen im Zonenrandgebiet und in anderen wirtschaftsförderungsbedürftigen Gebieten einen Zuschuß auf Antrag ohne Haushaltsbeschränkung zu gewähren.

Anspruchsvoraussetzungen: In den Förderungsgesetzen bestimmen sich die Voraussetzungen für die Geltendmachung eines Anspruchs in der Regel nach volkswirtschaftlich geprägten Rechtsbegriffen. Vor allem in der regionalen Förderung sind es vier Bedingungen, die der Anspruchsteller erfüllen muß. Das soll am Beispiel des Investitionszulagengesetzes erläutert werden:
a) Es muß eine gewerbliche Betriebsstätte errichtet oder erweitert werden. Hiermit sind durchweg bauliche Investitionen gemeint, die das sog. Anlagevermögen bilden. Erst in weiterer Folge können auch maschinelle Investitionen sowie Büroeinrichtungen bezuschußt werden.
b) Die Betriebsstätte muß in einem förderungswürdigen Gebiet liegen. Das kann das Zonenrand-, Steinkohlenbergbaugebiet oder auch jeder wirtschaftlich unterdurchschnittlich entwickelte und vom Strukturwandel betroffene Raum sein. Was unterdurchschnittliche Wirtschaftskraft oder Strukturwandel bedeutet, wird in den Gesetzen nicht weiter definiert, da es sich um volkswirtschaftlich feststehende Begriffe handelt. Die Wirtschaftskraft wird wesentlich von den Einkommensquellen beeinflußt, d. h. von der Zahl der Arbeitsplätze und

den gezahlten Löhnen. Die Wirtschaftsstruktur gibt einen Aufschluß über das Verhältnis von Landwirtschaft, Handel, Produktion und anderen Sektoren sowie über das Verhältnis z. B. einzelner Produktionsarten untereinander.

Die Unternehmen sollen dadurch angereizt werden, mit Staatszuschüssen in solchen Regionen eine Betriebsstätte zu errichten oder zu erweitern, in denen bestimmte Erwerbsarten völlig fehlen oder in denen überhaupt zu wenig Arbeitsplätze vorhanden sind.

c) Für einen Rechtsanspruch muß die Förderung oder Erweiterung der Betriebsstätte „volkswirtschaftlich besonders förderungswürdig" sein. Volkswirtschaftlich besonders förderungswürdig sind solche Investitionen, die neue Einkommensquellen schaffen. Das heißt, die Ware ist aus der schwach entwickelten Region nach außerhalb zu exportieren und der Erlös von außen in die bedürftige Region zu importieren. Die Betriebsstätte muß daher Leistungen erbringen, die ihrer Art nach regelmäßig überregional abgesetzt werden. Es scheiden also solche Betriebe aus, die lediglich Ware produzieren, die in der Region selbst verbraucht werden, grundsätzlich auch Handelsbetriebe, die das Gesamteinkommen in dem jeweiligen Wirtschaftsraum nicht erhöhen, sondern lediglich der Verteilung dienen. Das gilt insbesondere dann, wenn durch die Errichtung eines neuen Geschäftes einem anderen in derselben Region der Absatz geschmälert wird und damit nur eine Umverteilung der Kaufkraft herbeigeführt wird.

Zur volkswirtschaftlichen Förderungswürdigkeit gehört schließlich, daß eine bestimmte Anzahl an Dauerarbeitsplätzen geschaffen wird, denn nicht nur die Urproduktion, sondern auch die Verarbeitung sollen gerade den Mehrwert in der Region schaffen, der dazu führt, daß eine Vielzahl von Personen neue Einkommensquellen erhält.

d) Die Investition muß den Zielen der Raumordnung entsprechen. Der Gesetzgeber will damit erreichen, daß neue Betriebe nur in sog. Schwerpunktorten entstehen, in denen größere Gewerbegebiete vorhanden sind, die auch einen größeren städtischen Bevölkerungskreis ernähren sollen. Der Staat will mit der Konzentration auch verhindern, daß einzelne Gemeinden bei der Anwerbung von Produktionsbetrieben zu hohen und unrentablen Erschließungsaufwand betreiben müssen.

Im Ergebnis hängt die Entscheidung über die Bewilligung sehr häufig davon ab, ob die Errichtung oder Erweiterung der Betriebsstätte volkswirtschaftlich besonders förderungswürdig ist. Hierzu gibt der Gesetzgeber in § 2 des Investitionszulagengesetzes unter Nr. 2 genauere Hinweise, was er darunter versteht. (Auch das Arbeitsplatzangebot unter Nr. 3 muß beachtet werden.)

Fall: Großhändler G. baut eine Lagerhalle und ein Bürogebäude für seinen Gemüsehandel. Er will 60 Dauerarbeitsplätze schaffen. Hat er einen Anspruch auf Investitionszulage?

Lösung: Nein, denn in seiner Betriebsstätte werden keine Güter hergestellt. Es werden auch keine Leistungen erbracht, die ihrer Art nach regelmäßig überregional abgesetzt werden; denn das Gemüse ist leicht verderblich, daher nicht für den Transport bestimmt, sondern zur sofortigen Verteilung in der nächsten Umgebung seiner Region.

Fall: Einzelhändler E. will einen Selbstbedienungsladen für Schuhwerk aller Art errichten. Hat er einen Anspruch?

Lösung: Nein, denn das Geschäft erhöht auf die Dauer nicht das Gesamteinkommen in dem jeweiligen Wirtschaftsraum. Durch die Errichtung seines Schuhgeschäftes entzieht er anderen Schuhgeschäften seiner Stadt zwangsläufig Kaufkraft. Mit seiner Investition erreicht er lediglich eine Umverteilung der Kaufkraft.

Fall: Ein Tischler will im Zonenrandgebiet eine Werkstatt errichten, um dort auf antik stilisierte Truhen herzustellen. Er will sieben Mann einstellen. Hat er einen Anspruch?

Lösung: Ja. 1. ist der Zonenrand ein förderungswürdiges Gebiet. 2. errichtet T. eine gewerbliche Betriebsstätte. 3. ist die Investition volkswirtschaftlich förderungswürdig, weil T. Güter herstellt, die ihrer Art nach regelmäßig überregional abgesetzt werden. Denn antike Truhen sind in Serienfabrikation nicht zur dauernden Versorgung der Bevölkerung der eigenen Region bestimmt, weil der Bedarf sehr bald befriedigt werden wird, sondern zum Vertrieb in andere Regionen.

XVI. Subventionen ohne Rechtsanspruch

Überwiegend werden Subventionen ohne Rechtsanspruch vergeben, soweit die Haushaltsmittel reichen. Stellt der Bund oder das Land in seinem Haushaltsplan Mittel bereit, so wird in der Regel der zuständige Ressortminister ermächtigt, für die Vergabe der Haushaltsmittel Programmrichtlinien zu erlassen. Sie enthalten keinerlei Hinweise über einen Anspruch des Bürgers. Damit hängt es von der Bewilligungsbehörde ab, welchen Antragsteller sie fördern will. Das Limit ergibt sich durch die vorhandenen Haushaltsmittel; es können also längst nicht alle Antragsteller berücksichtigt werden, selbst dann, wenn sie im übrigen die Voraussetzungen für eine Bewilligung voll erfüllen. Andererseits ist die Behörde aber auch verpflichtet, im Rahmen der Haushaltsmittel und der Programmrichtlinien die Subventionen zu vergeben. Dadurch ist die Bewilligungsbehörde in ihrem Ermessen eingeschränkt, sie ist nämlich bei Bewilligung in ihrer Ermessensentscheidung daran gebunden, daß die Förde-

rungsvoraussetzungen auch sämtlich vorliegen. In der Praxis haben sich die Anspruchsvoraussetzungen nach dem Investitionszulagengesetz und die Bewilligungsvoraussetzungen nach den Förderungsprogrammen des Gemeinschaftsaufgabengesetzes schon weitgehend angenähert. Auch die Förderungsprogramme nach dem Gemeinschaftsaufgabengesetz verlangen die Errichtung oder Erweiterung eines gewerblichen Produktionsbetriebes in bestimmten Schwerpunktorten und die Schaffung einer bestimmten Anzahl von Arbeitsplätzen.
Es wird daher in rechtsstaatlicher Hinsicht durchaus als vertretbar angesehen, daß der Gesetzgeber die Verwaltung zu solcher Entscheidungsfreiheit in Förderungsprogrammen ermächtigt. Denn die Ermächtigung zum Handeln der Verwaltung wird durch ein sog. Haushaltsgesetz ausgesprochen, in dem zumindest durch Haushaltsbemerkungen genau bestimmt ist, für welche Zwecke die Gelder zu verwenden sind (s. Urteil des Bundesverfassungsgerichtes Bd. 20 S. 56, 91). Aufgrund des Förderungszwecks nach dem Haushaltsgesetz stellt dann der zuständige Ressortminister die Richtlinien für die Vergabe auf.
Förderprogramme aufgrund von Haushaltsgesetzen haben in der Praxis gegenüber Fördergesetzen vor allem den Vorteil der schnelleren Anwendbarkeit und Anpassung an die jeweilige wirtschaftliche Situation. Während das Fördergesetz in einem langwierigen Gesetzgebungsverfahren erlassen wird, kann das Förderungsprogramm aufgrund des Haushaltsgesetzes vom zuständigen Ressortminister innerhalb von wenigen Tagen erlassen werden oder durch neuen Erlaß des Ministers von heute auf morgen mühelos den neuen Tatsachen angepaßt werden. So kann bei großen Betriebsstillegungen in einer Stadt der Ressortminister besondere Förderungsmaßnahmen zur Ersatzbeschaffung von Arbeitsplätzen auf diese Stadt konzentrieren.

Die Bundesrepublik Deutschland und die Länder tragen nach dem Gemeinschaftsaufgabengesetz zur Verbesserung der regionalen Wirtschaftsstruktur bei. Hierzu werden Rahmenprogramme erlassen, zu denen das in der Anlage befindliche Sonderprogramm gehört.

Fall: Die Gasuhrenfabrik KG will in der Stadt Braunschweig im Juni 1975 eine Zweigstelle errichten. Hierzu werden vor allem Schweißer, Dreher und sonstige Mechaniker benötigt. Kann die Firma für eine Investition von 10 Mio DM eine Subvention von 25% verlangen?

Lösung: Nein, sämtliche fünf Ziffern des Programms enthalten keinerlei Hinweise, daß unter bestimmten Voraussetzungen ein Anspruch besteht bzw. eine Förderungssumme zu zahlen ist. Es hängt also von der Bewilligungsbehörde ab, ob sie aus den Haushaltsmitteln, die ihr gemäß Nr. 4 des Programms zur Verfügung gestellt sind, fördern will.

Frage: Aus welcher Programmformulierung ist positiv zu schließen, daß der Bürger keinen Rechtsanspruch auf Subventionen geltend machen kann?

Antwort: Wenn gemäß Nr. 4 des Programms Bund und Land nur bereit sind, 100 Mio DM für diesen Zweck zu verausgaben, so muß die Verwaltung dafür sorgen, daß sie die vorhandenen Fördermittel auf die Antragsteller kontingentiert. Es können also längst nicht alle Antragsteller berücksichtigt werden, selbst dann, wenn sie im übrigen die Voraussetzungen für eine Bewilligung voll erfüllen.

Frage: Welches sind denn die Voraussetzungen zur Förderung nach diesem Programm?

Antwort: 1. die Errichtung, Erweiterung oder Übernahme eines gewerblichen Produktionsbetriebes, 2. in bestimmten Schwerpunktorten und 3. die Schaffung von Arbeitsplätzen.

Frage: Kann die Bewilligungsbehörde also frei entscheiden, ob sie Fördermittel bewilligt oder nicht?

Antwort: Nein, die Bewilligungsbehörde hat kein freies Ermessen, sondern sie ist im positiven Falle in ihrer Ermessensentscheidung daran gebunden, daß die Förderungsvoraussetzungen auch sämtlich vorliegen. Die Behörde ist also verpflichtet, im Rahmen der Haushaltsmittel und der Programmrichtlinien die Subventionen zu vergeben.

Fall: Die Bewilligungsbehörde teilt dem obengenannten Gasuhrenfabrikanten mit, daß sie die Errichtung seines Zweigbetriebes nicht fördern könne, weil die Haushaltsmittel erschöpft seien. Was kann der Fabrikant unternehmen?

Lösung: 1. Der Fabrikant könnte an das Verwaltungsgericht gehen und gemäß § 42 Abs. 1 der Verwaltungsgerichtsordnung beantragen, daß die Bewilligungsbehörde verpflichtet wird, ihm doch Förderungsmittel zu gewähren. Hierzu muß der Kläger aber nach Abs. 2 des § 42 VwGO in seinen Rechten verletzt sein, d. h. er muß einen Rechtsanspruch auf die Förderungssumme geltend machen können. Wie schon ausgeführt, hat der Fabrikant nach diesem Förderungsprogramm aber keinen Rechtsanspruch. Denn wenn die Etatmittel erschöpft sind, so sieht das Haushaltsgesetz keine weiteren Etatmittel für dieses Programm mehr vor.

2. Der Fabrikant könnte aber einen Antrag auf Investitionszulage nach dem Investitionszulagegesetz stellen. Auf diese Zulage, wenn auch in erheblich geringerer Höhe, hat er einen Rechtsanspruch. Prüfen Sie selbst, ob die Voraussetzungen des Abs. 1 Nr. 1 und 2 in § 1 vorliegen! Ziehen Sie § 2 Nr. 1, 2 und 3 hinzu!

XVII. Ermessen

Die Verwaltungsbehörde hat stets dann ein freies Ermessen in ihrer Entscheidung, wenn sie zwischen mehreren Möglichkeiten wählen kann. Das ist bei Förderprogrammen ohne gesetzlichen Anspruch stets dann der Fall, wenn nur bestimmte Etatmittel bereitstehen, die unter einer Vielzahl von Antragstellern aufgeteilt werden müssen.
Dieses freie Ermessen ist jedoch durch eine Reihe von Schranken eingeengt. Es besteht überhaupt nicht, wenn der Gesetzgeber für das Handeln der Verwaltung bestimmte Voraussetzungen aufstellt: Im vorliegenden Muster eines Förderungsprogramms zur regionalen Wirtschaftsstruktur (Anlage) ist die Verwaltungsbehörde an das Vorliegen bestimmter gesetzlicher Tatbestände gebunden, nämlich nach Nr. 5 1. an die Voraussetzung des Produktionsbetriebes, 2. an den Schwerpunkt und 3. an bestimmte Arbeitsplatzzahlen, die zu schaffen sind.

Fall – Ergänzung: Der o.g. Gasuhrenfabrikant wendet gegen die Ablehnung seines Förderungsantrages auf Mittel aus dem Programm zur Verbesserung regionale Wirtschaftsstruktur ein, daß die Verwaltungsbehörde durchaus noch Etatmittel zur Verfügung hätte, wenn sie nicht verschiedene Fehler begangen hätte. Er rügt, daß auch ein Großhandelsbetrieb Mittel erhalten habe und ein Uhrenfabrikant nur deshalb gefördert worden wäre, weil er der Schwager des Regierungspräsidenten gewesen sei. Im übrigen gehöre sein Förderungsantrag zu den ältesten Anträgen. Es sei nicht einzusehen, warum jüngere Antragsteller vorzeitig berücksichtigt worden seien. Hat die Verwaltungsbehörde fehlerhaft gehandelt?

Lösung: Der Fabrikant macht zutreffend drei Ermessensfehler geltend:
1. *Ermessensüberschreitung:* Wenn die Behörde bei ihrer Bewilligung die gesetzlich festgelegte äußere Grenze überschreitet, bewegt sie sich außerhalb ihres Ermessensspielraums. Eine solche Überschreitung liegt vor, wenn ein Großhandelsbetrieb gefördert worden ist, obwohl nach Nr. 5 des Programms nur Produktionsbetriebe gefördert werden dürfen. Innerhalb der drei Anspruchsvoraussetzungen gemäß Nr. 5 des Programms ist die Bewilligungsbehörde in ihrer Entscheidung gebunden.

2. *Ermessensmißbrauch:* Wenn der Entscheidung sach- und zweckfremde Erwägungen zugrunde gelegt werden und damit die inneren Grenzen des Ermessens überschritten werden. Der Vorwurf, daß der Antrag des Uhrenfabrikanten nur deshalb berücksichtigt sei, weil er Schwager des Regierungspräsidenten (der Bewilligungsbehörde) sei, weist auf sachfremde Motive. Denn die Behörde darf unter mehreren Produktionsbetrieben nicht aus solchen Motiven

einen begünstigen, weil persönliche Bindungen zwischen der Bewilligungsbehörde und einem der Antragsteller bestehen.

3. Ermessenswillkür: Wenn die Behörde nach reinem Belieben und willkürlich ohne wirkliche sachliche Prüfung entscheidet, oder wenn sie trotz Vorliegens gleicher Verhältnisse und Rechtslage unterschiedliche Entscheidungen trifft, oder wenn sie von der von ihr geübten Praxis oder allgemeinen Verwaltungsübung abgeht. Die Behörde entscheidet nach reinem Belieben, wenn sie ohne sachlichen Grund die Anträge in willkürlicher Reihenfolge behandelt und damit in Kauf nimmt, daß die Mittel vergeben sind, wenn besonders strukturverbessernde Produktionsbetriebe zu fördern wären. Es reicht aber auch schon, wenn es sich um gleichrangige Produktionsbetriebe handelt. In jedem Fall muß die Bewilligungsbehörde Kriterien erarbeiten, in welcher Reihenfolge sie die Bewilligungsanträge bearbeiten will, damit die Etatmittel den Zielsetzungen des Programms entsprechend vergeben werden. § 40 des Verwaltungsverfahrensgesetzes hat die beiden Tatbestände des Ermessensmißbrauchs (Ermessen entsprechend dem Zweck der Ermächtigung auszuüben) und der Ermessensüberschreitung (die gesetzlichen Grenzen des Ermessens einzuhalten) ausdrücklich vorgesehen. Darüberhinaus hat die Rechtsprechung die Ermessenswillkür entwickelt: Ein besonders schwerer Ermessensfehler, der sogar zur Nichtigkeit des Verwaltungsaktes führen kann. Im übrigen handelt die Verwaltungsbehörde anfechtbar, wenn sie Ermessensmißbrauch oder Ermessensüberschreitung begeht.

Frage: Kann denn der Gasuhrenfabrikant diese Ermessensfehler, die bei der Bewilligung anderer Anträge aufgetreten sind, auch zu seinen Gunsten geltend machen? Denn seine Ablehnung ist doch nicht ohne weiteres anfechtbar oder nichtig, weil die Verwaltungsbehörde in anderen Fällen fehlerhaft gehandelt hat.

Antwort: Nach § 114 Verwaltungsgerichtsordnung kann das Verwaltungsgericht nachprüfen, ob die Verwaltungsbehörde von ihrem Ermessen fehlerfreien Gebrauch gemacht hat. Bei der Vergabe von Subventionsmitteln ohne Rechtsanspruch steht der Verwaltungsbehörde zwar ein Ermessen zu, in welcher Weise sie die Förderungsmittel unter der Vielzahl der Antragsteller verteilt. Bei dieser Verteilung darf die Behörde jedoch die Schranken des Ermessens nicht verletzen.

Der Bürger hat daher grundsätzlich einen Anspruch auf Gleichbehandlung gemäß Art. 3 Abs. 1 Grundgesetz. Er gibt ein subjektiv öffentliches Recht auf fehlerfreien Ermessensgebrauch, wenn der Antragsteller nachweist, daß er einen Rechtsvorteil bei fehlerfreier Ermessensentscheidung erlangt hätte. Im vorliegenden Fall reicht es also nicht, daß der Gasuhrenfabrikant nur geltend macht, daß die Bewilligungsbehörde in anderen Fällen fehlerhaft entschieden habe. Er muß darüber hinaus nachweisen, daß er mit seinem Antrag zum Zuge gekommen wäre, wenn andere Anträge abgelehnt worden wären. Das ist dann der Fall, wenn durch eine Ablehnung anderer Anträge ausreichende Mittel eingespart worden wären, um seinen Antrag zu berücksichtigen.

Verfahrensrechtlich wird dieses subjektiv öffentliche Recht auf fehlerfreien Ermessensgebrauch im Rahmen einer Anfechtungsklage oder einer Verpflichtungsklage geltend gemacht. Da der Gasuhrenfabrikant hier von der Verwaltung eine Leistung begehrt, wird er eine Verpflichtungsklage erheben und eine Nachprüfung des Ermessens gemäß § 114 Verwaltungsgerichtsordnung begehren.

Als Regel bleibt also festzuhalten, daß nicht jeder Bürger Ermessensfehler, die bei anderen Anträgen gemacht worden sind, rügen kann. Es hat niemand das Recht, sich zum Kläger oder Ankläger für die Allgemeinheit aufzuspielen und eine sog. „Popularklage" zu erheben. Ist jedoch der Bürger mittelbar in seinen Rechten verletzt, weil die Verwaltungsbehörde in anderen Fällen fehlerhaft gehandelt hat, so daß er selbst mit seinem Antrag nicht mehr zum Zuge kommt, so hat er einen Anspruch auf fehlerfreien Ermessensgebrauch.

Diesen Anspruch kann er umso leichter nachweisen, wenn die Verwaltungsbehörde ihr Ermessen durch innerdienstliche Bestimmung festgelegt hat. In der Regel ist z. B. durch Ministererlaß angeordnet, in welcher zeitlichen Reihenfolge Bewilligungsanträge nach Eingang zu bearbeiten sind. Es kann auch festgestellt sein, welche Produktionsbetriebe in bestimmten Regionen erstrangig zu fördern sind. In solchen Fällen hat sich die Bewilligungsbehörde in ihrem Ermessen selbst gebunden, so daß der Bürger einen Anspruch darauf hat, daß die Behörde danach auch in allen Fällen gleicherweise verfährt.

Vom Ermessen ist grundsätzlich der sog. *„unbestimmte Rechtsbegriff"* zu unterscheiden. Es handelt sich hierbei um gesetzliche Tatbestände, die scheinbar der Verwaltungsbehörde die Möglichkeit offenlassen, unter welchen Voraussetzungen sie diesen Tatbestand als erfüllt ansieht. Zum Beispiel ist nach § 1 Abs. 1 des Investitionszulagegesetzes ein Rechtsanspruch gegeben, wenn unter anderem die Betriebserweiterung „volkswirtschaftlich besonders förderungswürdig" ist. Wie schon die nähere Erläuterung dieses Begriffs in § 2 Abs. 2 Nr. 2 erweist, steht es keineswegs im Belieben der Verwaltungsbehörde, zu entscheiden, ob die Güterproduktion regelmäßig überregional abgesetzt wird oder nicht. Das Verwaltungsgericht kann also in jedem Einzelfall eindeutig nachprüfen, ob sich durch einen derartigen überregionalen Güterabsatz auf die Dauer das Gesamteinkommen in dem jeweiligen Wirtschaftsraum erhöht oder nicht. Die Verwaltungsbehörde muß in einem solchen Fall die Betriebserweiterung als besonders förderungswürdig anerkennen. In gleicher Weise ist auch nach anderen Gesetzen zu verfahren, wenn z. B. nach der Gewerbeordnung die „persönliche Zuverlässigkeit" gesetzliche Voraussetzung für die Erteilung einer Erlaubnis ist, ferner die „erforderliche Sachkunde“ nach dem Gesetz über die Berufsausübung im Einzelhandel. In jedem Falle läßt sich durch den Zweck des Gesetzes ermitteln, ob dieser Rechtsbegriff mit einem bestimmten Inhalt erfüllt werden kann. Lediglich wenn die Behörde nach ihrem Ermessen die Wahl zwischen mehreren Entscheidungen hat, ist das Verwaltungsgericht darauf beschränkt, ob das Ermessen innerhalb der allgemeinen Regeln fehlerfrei ausgeübt ist.

XVIII. Verwaltungsakt

Der Bürger bzw. Gewerbetreibende kann einen öffentl.-rechtlichen Anspruch auf eine Leistung oder gegen eine für ihn ungünstige Maßnahme einer Verwaltungsbehörde in der Regel sich nur stellen, wenn ein sog. Verwaltungsakt erlassen ist. Es gibt viele Maßnahmen auf dem Gebiete des öffentlichen Rechts, mit denen eine Behörde für den Bürger günstig oder ungünstig tätig werden kann. Die Verwaltungsgerichtsordnung beschränkt in § 42 Abs. 1 die beiden wichtigsten Klagearten – nämlich die Anfechtungsklage und die Verpflichtungsklage – auf die Aufhebung oder den Erlaß eines Verwaltungsaktes. Damit soll erreicht werden, daß der Bürger nur dann gegen eine Behörde vorgehen kann, wenn sie ihm gegenüber eine konkrete Entscheidung getroffen hat, die für ihn rechtliche Bedeutung hat. § 35 des Verwaltungsverfahrensgesetzes bindet an den Begriff des Verwaltungsaktes fünf Voraussetzungen: 1. Entscheidung, 2. einer Behörde, 3. zur Regelung eines Einzelfalles, 4. im öffentlichen Recht, 5. mit Rechtswirkung nach außen:

Beispiel: Der Erlaß eines Verwaltungsaktes ist für die Bewilligung oder die Ablehnung irgendwelcher Förderungsanträge von Gewerbetreibenden erforderlich. Denn die Bewilligungsbehörde entscheidet im Einzelfall, ob eine öffentl.-rechtliche Förderung gewährt wird und gibt diese Entscheidung nach außen bekannt.

Frage: Ist die Bescheinigung der Förderungswürdigkeit nach § 2 Abs. 1 Investitionszulagegesetz, die vor der Bewilligung einzuholen ist, ein Verwaltungsakt? Ist die Zusicherung, einen bestimmten Verwaltungsakt – hier die Bewilligung – später zu erlassen, ein Verwaltungsakt, wenn sie gemäß § 38 Bundesverwaltungsverfahrensgesetz schriftlich erteilt ist?

Frage: Handelt es sich um Verwaltungsakte bei der
a) Empfangsbestätigung des Förderungsantrages
b) Belehrung über die Rechtslage

c) interne Überprüfung des Antragstellers auf Förderungswürdigkeit
d) Inaussichtstellung einer Bewilligung durch Dienstboten
e) Rückforderung eines falschen Antragsformulars, das der Besucher versehentlich mitgenommen hat.

Antwort:
zu a) keine Regelung
zu b) keine Entscheidung
zu c) keine Außenwirkung
zu d) keine Behörde
zu e) kein öffentliches Recht.

Die Voraussetzung, die der Gesetzgeber bzw. die Rechtsprechung im übrigen an die Form des Verwaltungsaktes stellt, sind gering. Erforderlich ist aber, daß der Verwaltungsakt bei Ablehnungen oder Verboten begründet wird und vor allem auch den Betroffenen bekanntgemacht wird. Lesen Sie hierzu die §§ 37, 39 und 41 des Verwaltungsverfahrensgesetzes.

Fall: Der Regierungspräsident als Bewilligungsbehörde teilt dem Gasuhrenfabrikanten schriftlich mit, daß sein Antrag auf Förderung nach dem Programm zur Verbesserung der regionalen Wirtschaftsstruktur abgelehnt werden mußte, weil die Haushaltsmittel erschöpft sind. Ist der Verwaltungsakt formell rechtmäßig?

Lösung: Die zuständige Bewilligungsbehörde hat mit ihrer schriftlichen Ablehnung eine inhaltlich eindeutige Entscheidung gefällt (§ 37 Abs. 1 und 3 Verwaltungsverfahrensgesetz). Die Ablehnung ist auch gemäß § 39 Abs. 1 Satz 2 in der Weise begründet, daß das Verwaltungsgericht bei seiner Nachprüfung erkennen kann, aus welchen Gründen die Bewilligungsbehörde nach ihrer Ansicht den Antrag ablehnen mußte. Die Zustellung und der Termin gemäß § 41 Abs. 1 und 2 Verwaltungsverfahrensgesetz sind entscheidend für die Klagebefugnis und die Klagefrist. Auch die Wirksamkeit des Verwaltungsaktes hängt von der Bekanntgabe ab (vergl. § 43 Verwaltungsverfahrensgesetz).
Nicht immer kann die Verwaltungsbehörde einen Antrag mit einem klaren Ja oder Nein entscheiden. Häufig ist zur Erteilung einer Genehmigung, ganz besonders im Baugenehmigungsverfahren, der Erlaß von Auflagen oder Bedingungen erforderlich. Sollen bestimmte konjunkturpolitische Effekte mit der Gewährung von Fördermitteln kurzfristig erreicht werden, so wird auch eine Befristung der Subvention erforderlich sein. Die Behörde muß sich sogar den Widerruf des Verwaltungsaktes vorbehalten, wenn sie damit rechnet, daß sich die Tatsachen, die zum Erlaß des Verwaltungsaktes führten, leicht ändern können. Das ist im Falle einer Bewilligung von Subventionen ohne weiteres gegeben, wenn die Kreditfähigkeit des Antragstellers so zweifelhaft ist, daß die

Bewilligungsbehörde jederzeit befürchten muß, die zu fördernde Betriebserweiterung könne durch einen plötzlichen Konkurs vereitelt werden (s. zur Bedingung, Auflagebefristung und zum Widerrufsvorbehalt § 36 Verwaltungsverfahrensgesetz).

Fall: Die Bewilligungsbehörde erteilt dem Gasuhrenfabrikanten für die Errichtung eines Zweigbetriebes mit einer Investition von 5 Mio DM einen Bewilligungsbescheid über 1,25 Mio DM Zuschuß nach dem regionalen Förderungsprogramm. Die Behörde macht jedoch zur Voraussetzung, daß der Antragsteller nicht 100 sondern 150 neue Arbeitsplätze schafft. Muß der Fabrikant diese Einschränkung gegen sich gelten lassen?

Lösung: Die Erteilung einer Auflage in einem begünstigenden Verwaltungsakt ist grundsätzlich zulässig, auch wenn sie im Gesetz oder in dem Programm nicht besonders vorgesehen ist. Sie muß jedoch mit dem Ziel des Gesetzes oder des Programms in Einklang zu bringen sein. Im vorliegenden Fall hat der Antragsteller die Programmvoraussetzungen: Produktionsbetrieb, Schwerpunktort und eine Mindestzahl an Arbeitsplätzen zwar erfüllt. Der Verwaltungsbehörde erscheint aber das Verhältnis der Förderungssumme zu der Zahl der geschaffenen Arbeitsplätze als unverhältnismäßig hoch. Ein bestimmter Förderungsbetrag pro Arbeitsplatz ist nicht vorgeschrieben, so daß die Verwaltungsbehörde Ermessensfreiheit hat. Wenn ihr ein Förderbetrag – wie beantragt – von 12500 DM pro Arbeitsplatz zu hoch erscheint und dem Antragsteller für dieselbe Investitionssumme eine ungleich höhere Anzahl von Arbeitsplätzen zuzumuten ist, so kann sie ein solches Verlangen stellen. Ein Ermessensfehler liegt jedenfalls dann nicht vor, wenn ähnliche Produktionsbetriebe sich bereiterklärt haben, für eine Fördersumme von nur rund 8000 DM pro Arbeitsplatz neue Arbeitsplätze in derselben Region zu schaffen. Die Auflage der Verwaltungsbehörde ist daher rechtmäßig.

XIX. Grenzen der Wirtschaftsförderung

Die öffentliche Hand darf in ihren Haushaltsgesetzen nicht schrankenlos Subventionen vergeben:

a) Die Subventionierung muß im öffentlichen Interesse dringend geboten sein, etwa zur Existenzsicherung der allgemeinen Volkswirtschaft oder eines bestimmten Wirtschaftszweiges. Das folgt aus Art. 2 I Grundgesetz, aus dem ein Schutz für die Wettbewerbsfreiheit abgeleitet wird (BVwGE 6, 141). Siehe auch Art. 92 EWG-Vertrag, nach dem der Wettbewerb nicht durch Subventionen beeinträchtigt werden darf.

b) Die Subvention muß als Hoheitsaufgabe öffentlichen Zwecken dienen, so daß deren Erfüllung eine zukünftige Gegenleistung darstellt, die der Geldausgabe aus öffentlichen Mitteln gerecht wird. (BVwG 7, 183).

Beispiel: Wenn für die Errichtung von Produktionsbetrieben eine Investitionszulage von 7,5% gewährt wird, so muß mit dieser Subvention die Verbesserung der Wirtschafts- und Finanzkraft einer Region erreicht werden, die letztlich auch wiederum das Steueraufkommen aus dieser Region zugunsten der öffentlichen Hand verbessert.

c) Die Gleichbehandlung nach Art. 3 Grundgesetz muß in der Weise gewährleistet sein, daß die Förderungsmaßnahme und der Kreis der Begünstigten sachgemäß abgegrenzt wird. (BVfG: NJW 1961, 1109).

d) Die Subvention muß geeignet, erforderlich und angemessen sein, wie es den Grundsätzen der Verhältnismäßigkeit aller Verwaltungsmaßnahmen entspricht.

Daß das nationale Subventionsrecht durch europäisches Recht ergänzt wird, ist bereits unter Hinweis auf Art. 92 Abs. 1 EWG-Vertrag angemerkt. Innerhalb der EWG-Staaten besteht ein Netz von wirtschaftsschwachen Regionen, die nach bestimmten Subventionswerten gefördert werden. Hierdurch sollen u. a. auch Wettbewerbsverzerrungen in staatlichen Grenzgebieten vermieden werden. (Z. B. im Emsland gegenüber den benachbarten Niederlanden.) Außerhalb der Europäischen Gemeinschaft besteht ein Subventionsverbot für alle Mitgliedstaaten des weltweiten Zoll- und Handelsabkommens von 1947 (Art. XVI General Agreement on Tariff and Trade – GATT).

XX. Verwaltungsklage

Zur Lösung öffentl.-rechtlicher Fälle im Subventionsrecht (Urteile bzw. Klaganträge) müssen im wesentlichen vier Gliederungspunkte beachtet werden:

I. Zulässigkeit der Klage

1. Zulässigkeit des *Verwaltungsrechtswegs* nach § 40 Abs. 1 der Verwaltungsgerichtsordnung (VwGO).

Merke: Eine öffentl.-rechtliche Streitigkeit ist grundsätzlich gegeben, wenn Förderungsmittel aus dem öffentlichen Staatshaushalt begehrt werden, die aus konjunkturpolitischen oder strukturpolitischen Gründen zur Belebung der Wirtschaft vergeben werden.

a) Anfechtungsklage § 42 Abs. 1 VwGO
b) Verpflichtungsklage § 42 Abs. 1 VwGO

c) Feststellungsklage § 43 VwGO
d) hilfsweise die allgem. Leistungsklage

Merke: Grundsätzlich ist eine Anfechtungs- oder Verpflichtungsklage gegeben: Die Anfechtungsklage, wenn der Bürger sich gegen die Ablehnung seines Förderungsantrages wendet; die Verpflichtungsklage, wenn der Bürger einen positiven Bewilligungsbescheid begehrt. Bei einer Ablehnung des Förderungsantrages ist mit der Erhebung der Verpflichtungsklage Vorsicht geboten: Der Bürger kann sie nur dann erheben, wenn der Bewilligungsbehörde keinerlei Spielraum mehr für ein Ermessen bleibt und nach Aufhebung des rechtswidrigen Ablehnungsbescheides zweifelsfrei die Bewilligung ausgesprochen werden muß.
Sowohl die Anfechtungs- als auch die Verpflichtungsklage haben wiederum zwei Voraussetzungen:
1. Nach § 42 Abs. 1 VwGO muß ein Verwaltungsakt aufgehoben werden – das ist grundsätzlich bei einer Ablehnung des Förderungsantrages der Fall –, oder der Erlaß eines Verwaltungsaktes begehrt werden – das ist grundsätzlich bei der Bewilligung einer Subvention gegeben.
2. § 42 Abs. 2 VwGO erfordert, daß der Kläger in seinen Rechten verletzt ist, oder positiv ausgesprochen, daß er einen Rechtsanspruch geltend machen kann.

Merke: Die Subventionsgesetze- und -programme enthalten nur in seltenen Fällen einen Rechtsanspruch, so z. B. § 1 Abs. 1 Investitionszulagegesetz. Die übrigen Förderungsprogramme, besonders die, die keine Gesetze sind, stellen die Bewilligung der Subvention regelmäßig in das Ermessen der Behörde. In diesen Fällen hat der Bürger jedoch ein subjektiv öffentliches Recht auf fehlerfreien Ermessensgebrauch der Behörde. Das ist sein Recht, in dem er nach § 42 Abs. 2 verletzt sein kann. (Das Verwaltungsgericht hat dann nach § 114 VwGO das Ermessen der Verwaltungsbehörde zu überprüfen).

II. Begründetheit der Klage

1. *Rechtsgrundlage.* Während der Kläger nach § 42 Abs. 2 VwGO nur geltend machen muß, daß er einen Rechtsanspruch auf die Subvention hat, muß er nun nachweisen, daß der Rechtsanspruch auch begründet ist.

Beispiel: Bei einem gesetzlichen Anspruch nach § 1 Abs. 1 Investitionszulagegesetz muß der Kläger also nachweisen, daß er die Voraussetzung für den Rechtsanspruch (Errichtung einer gewerblichen Betriebsstätte in einem Fördergebiet und die volkswirtschaftliche Förderungswürdigkeit dieses Betriebes) auch erfüllt.

Bei einem regionalen Förderungsprogramm (ohne gesetzlichen Subventionsanspruch) muß der Kläger nachweisen, daß die Behörde ermessensfehlerhaft gehandelt hat und daher im Rahmen der Anfechtungsklage den Ablehnungsbescheid aufzuheben hat. Im Rahmen einer Verpflichtungsklage muß der Kläger darüber hinaus nachweisen, daß ihm die Behörde bei richtiger Ausübung des Ermessens einen Bewilligungsbescheid hätte erteilen müssen. Dieser letztere Nachweis wird allerdings nur selten gelingen, so daß bei Ansprüchen aus dem subjektiv öffentlichen Recht auf fehlerfreien Ermessensgebrauch in der Regel nur die Anfechtungsklage zum Ziel führt.

2. *Verhältnismäßigkeit.* Die Ablehnung des Förderungsantrages oder seine unterlassene Bewilligung ist grundsätzlich dann rechtswidrig, wenn die Verwaltungsbehörde über die im Gesetz oder Programm festgelegten Förderungsvoraussetzungen weitere Auflagen oder Bedingungen geltend macht, die nicht durch den Förderungszweck des Gesetzes oder Programms gedeckt sind.

Beispiel: Die Verwaltungsbehörde darf also nicht über das im Programm vorgesehene Mindestmaß an Arbeitsplätzen hinausgehen, wenn die Förderungssumme pro Arbeitsplatz so niedrig ist, daß auch andere antragstellende Betriebe grundsätzlich nicht bereit sind, mehr Arbeitsplätze anzubieten. Andererseits kann es durchaus für den Zweck der Verbesserung der Wirtschaftsstruktur angemessen sein, wenn die Bewilligungsbehörde die regionalen Förderungsmittel auf bestimmte Sektoren von Produktionsbetrieben beschränkt: Die besonders hohe Förderung der Errichtung von Automobilproduktionen ist in solchen Schwerpunktorten nicht geeignet, in denen diese Branche bereits vertreten ist (z. B. in Wolfsburg).

E. Gewerberecht

XXI. Gewerbefreiheit

Die nun zu besprechende Gewerbeordnung ist der klassische Fall der Hoheitsverwaltung, in der der Staat dem Bürger bzw. dem Gewerbetreibenden die Ausübung des Gewerbebetriebes erlaubt bzw. verbietet. Dieses wirtschaftsordnende Gesetz unterscheidet sich also grundsätzlich von dem bisher besprochenen Subventionsrecht, in dem der Bürger vom Staat eine Leistung verlangen kann und der Staat seinerseits allenfalls lenkend eingreift. Die Gewerbeordnung will sicherstellen, daß die Ausübung eines Gewerbes nicht das allgemeine Wohl gefährdet. Es ist mithin ein Schutzgesetz zugunsten Dritter, das im weitesten Sinne dem sog. Polizeirecht angehört. Aus diesem Grunde sind auch alle Ansprüche aus der Gewerbeordnung sog. öffentl.-rechtliche Streitigkeiten im Sinne des § 40 VwGO.

Nach § 1 Gewerbeordnung (GewO) ist der Betrieb eines Gewerbes grundsätzlich jedermann gestattet. Das entsprach der liberalen Wirtschaftsidee des Jahres 1869, in dem die Gewerbeordnung erlassen wurde – eine Reaktion auf die Zeit des Merkantilismus, in der der absulutistische Staat die wirtschaftliche Entwicklung sehr stark zu reglementieren suchte.

Mit zunehmender Industrialisierung schränkte der Staat die Gewerbefreiheit durch eine Vielzahl von Ausnahmen wieder ein (z. B. für erlaubnisbedürftige Anlagen gem. § 24 GewO), zuletzt durch das sog. Immissionsschutzgesetz, das umweltgefährdende Betriebe von einer besonderen Genehmigung abhängig macht. Gleichwohl wird der Grundsatz der Gewerbefreiheit auch heute beibehalten, wenn nicht gemäß § 1 Abs. 1 zweiter Halbsatz besondere gesetzliche Einschränkungen gegeben sind. Aus dem Schutzzweck des Gesetzes folgt, daß die Gewerbeordnung unter dem Begriff Gewerbebetrieb auch längst nicht alle Betriebe versteht sondern nur solche, die unter Umständen die Allgemeinheit gefährden könnten.

Merke: Gewerbe im Sinne des § 1 GewO ist jede erlaubte, auf Gewinnerzielung gerichtete, private, selbständige Tätigkeit, die dauernd ausgeübt wird.

Frage: Warum hat die Rechtsprechung eine solche Beschränkung interpretieren können?

Antwort: a) Nur was erlaubt ist, ist schutzwürdig, b) was nicht auf Erzielung von Gewinn gerichtet ist, ist regelmäßig gemeinnützig, c) was nicht privat ist, fällt in die öffentliche Daseinsvorsorge, d) wer nicht selbständig ist, ist nicht verantwortlich, e) wer nicht dauernd, sondern nur gelegentlich tätig wird, kann auch keine ständige Störungsquelle sein.

Handelt es sich also um einen Gewerbebetrieb im Sinne der o.g. Begriffsbestimmung, so unterscheidet die Gewerbeordnung zwischen drei Arten von Gewerben:

1. stehendes Gewerbe, für das in der Regel nur eine Anzeige erforderlich ist (§ 14), wenn nicht der Sonderfall einer Erlaubnispflicht nach § 24 oder einer Genehmigung nach § 4 Immissionsschutzgesetz vorliegt.
2. Reisegewerbe, das in der Regel nach § 55 Abs. 1 GewO der Genehmigung bedarf.
3. Marktverkehr, der nach § 64 Abs. 1 GewO grundsätzlich frei ist.

Frage: Warum ist der Marktverkehr grundsätzlich frei?

Antwort: Die Freiheit des Marktes ist schon seit dem Mittelalter historisch begründet. Wer auf offenen Märkten Waren von fliegenden Händlern erwirbt, muß von vornherein damit rechnen, daß er keine Qualitätsgarantien geltend machen kann. Daher ist das Interesse des Staates an einer Kontrolle der Gewerbetreibenden relativ gering.

Frage: Warum wird von Reisenden grundsätzlich eine Gewerbekarte d. h. eine Genehmigung nach § 55 verlangt?

Antwort: Im Gegensatz zum sog. Marktbeschicker spricht der Reisende von sich aus den Käufer oder Zuschauer an, um ihn zu einer Geldleistung für eine Ware oder Leistung zu bewegen. Der Marktbesucher weiß in der Regel, was auf ihn zukommt; der von einem Reisenden Angesprochene wird dagegen nicht selten von der Werbungsmethode „überfallen". Daher ist die Allgemeinheit vor dem Reisenden stärker zu schützen.

Fall: B. verkauft von Haus zu Haus in dem 9000 Einwohner zählenden Städtchen S. Bildpostkarten zu durchschnittlichen Preisen. Mit dunkler Hornbrille und weißem Spazierstock erweckt er den Eindruck eines Blinden, ohne es zu sein. Die Behörde verbietet ihm den weiteren Verkauf. Kann sich B. dagegen mit Erfolg wehren?

Lösung: B. könnte nach § 69 VwGO Widerspruch erheben.
Der Widerspruch ist begründet, wenn B. Gewerbefreiheit genießt. Prüfen Sie also zuerst, ob überhaupt ein Gewerbe im Sinne des § 1 vorliegt!
Sodann ist festzustellen, ob B. eine Reisegewerbekarte benötigt. Dieser bedarf nach § 55 Abs. 1, wer in eigener Person außerhalb seiner gewerblichen Niederlassung ohne vorhergehende Bestellung Waren feilbietet.
Dagegen könnte B. einwenden, daß er nach § 55a Abs. 1 Nr. 3 grundsätzlich keiner Reisegewerbekarte bedarf, wenn er in seinem Wohnort, der weniger als 10000 Einwohner zählt, seine Waren feilbietet.

(*Frage:* Warum hat der Gesetzgeber in § 55a diese Befreiung von der Reisegewerbekarte ausgesprochen?

Antwort: Weil der Reisende in kleinen Städten bekannt sein dürfte oder aus anderen Gründen keinen Anlaß zur polizeilichen Kontrolle bietet.)

Dennoch könnte die Behörde nach §§ 59, 57 I dem Antragsteller die Reisegewerbekarte versagen, wenn nach Nr. 1 Tatsachen die Annahme rechtfertigen, daß er die für die Ausübung des Reisegewerbes erforderliche Zuverlässigkeit nicht besitzt. Wer vortäuscht, blind zu sein, will den Käufer dazu veranlassen, aus Mitleid Waren abzukaufen, ohne auf die Angemessenheit des Preises zu achten und vor allem (wie hier) nur dann zu kaufen, wenn ein wirkliches Bedürfnis besteht. Hier spiegelt B. also falsche Tatsachen vor, um die Hausbewohner kaufbereit zu machen. Damit ist ein typischer Fall der Ausnutzung eines Irrtums gegeben, vor dem gerade im Reisegewerbe die Allgemeinheit geschützt werden soll.
Der Widerspruch ist daher zurückzuweisen.

XXII. Gewerbeanzeige, -erlaubnis, -genehmigung

Jedes Gewerbe im Sinne des § 1 Gewerbeordnung ist grundsätzlich „stehendes Gewerbe", wenn es nicht Marktverkehr oder Reisegewerbe ist. Also alles, was in einer gewerblichen Niederlassung und nicht auf einem Markt vertrieben wird, ist ein standfester, d. h. stehender „Gewerbebetrieb". Ein solcher muß grundsätzlich nach § 14 Abs. 1 GewO dem Ordnungsamt angezeigt werden. Dieses ist die loseste Form der Kontrolle, damit die Behörde wenigstens einen Überblick über die Anzahl und die Art der Gewerbebetriebe in ihrer Gemeinde behält und damit sie diese gegebenenfalls überwachen kann.
Merke: Anzeigepflicht aber nur, wenn es sich um erlaubte, auf Gewinnerzielung gerichtete, private, selbständige und dauernde Tätigkeiten handelt.
Zur Aufnahme eines stehenden Gewerbebetriebes ist jedoch in zwei Fällen grundsätzlich die Erlaubnis bzw. die Genehmigung erforderlich:

1. Nach § 24 GewO bedürfen gefährliche Anlagen in der Regel einer Genehmigung, wenn dies zum Schutze der Beschäftigten und Dritter erforderlich ist. Diese Art Anlagen sind in § 24 Abs. 3 (Dampfkessel, Gastanks, brennbare Flüssigkeiten usw.) sowie in einer Rechtsverordnung zu § 24 Abs. 1 im einzelnen aufgeführt.

2. Nach § 4 Immissionsschutzgesetz bedürfen der Genehmigung solche stehenden Gewerbebetriebe, die schädliche Umwelteinwirkungen hervorrufen. (Sogar nicht gewerblichen Zwecken dienende Anlagen sind in besonderen Fällen genehmigungspflichtig.) Im Unterschied zu den überwachungsbedürftigen Anlagen nach § 24 GewO handelt es sich um Betriebe, die nicht durch ihre Anlage als solche bereits die Gefahr einer Explosion oder eines Brandes hervorrufen, sondern um Anlagen, die selbst gefahrensicher arbeiten können, aber ihre Umwelt durch Gestank, Gerüche, Lärm und Luftverschmutzung etc. beeinträchtigen.

Fall: Die Firma D. will im Industriegebiet der Stadt R. eine sog. Auto-Shredder-Anlage errichten, in der die Karosserien alter Autos zusammengepreßt und anschließend zerkleinert werden. Die im Freien stehende Anlage verursacht erheblichen Lärm. Die benachbarte Möbeltischlerei M. wendet sich gegen die Errichtung dieser Shredder-Anlage mit der Begründung, daß der Betrieb lärmintensiv sei, der ebenfalls neu angesiedelten Möbeltischlerei die Arbeitskräfte entziehe und daß die Stadt R. das Nachbargelände der Möbeltischlerei vertraglich als Vorratsgelände für Betriebserweiterung versprochen habe.
Wie muß das Ordnungsamt über den Antrag der Firma D. entscheiden?

Lösung: Der Betrieb einer Shredder-Anlage ist im besonderen Maße geeignet, die Nachbarschaft durch Lärm erheblich zu belästigen. Sie bedarf somit nach § 4 Immissionsschutzgesetz der Genehmigung. Der Einwand des Nachbarn wegen Lärmbelästigung führt jedoch nur dann zur Ablehnung der Genehmigung, wenn nicht nach § 5 Immissionsschutzgesetz die Anlage so errichtet werden kann, daß erhebliche Belästigungen für die Nachbarschaft nicht mehr hervorgerufen werden können. Wenn jedoch die Shredder-Anlage in einem Industriegebiet errichtet wird, so sind die dort vorhandenen Betriebe im besonderen Maße zur Duldung von industriebedingten Immissionen verpflichtet. Ergeben die örtlichen Verhältnisse, daß von den ansässigen Industriebetrieben ohnehin die verschiedensten Emissionen an Geräuschen, Gerüchen, Verschmutzungen usw. ausgehen, so ist die Immission üblich und nicht mehr erheblich. Das trifft insbesondere für die Möbeltischlerei zu, die selbst durch ein eigenes Sägewerk Geräuschimmissionen verursacht.
Der Einwand des Nachbarn, daß ihm Arbeitskräfte verlorengingen, ist für die Erteilung nach § 4 Immissionsschutzgesetz schon deshalb unbeachtlich, weil es sich hierbei nicht um eine Beeinträchtigung der Atmosphäre, die auf die

Sinne einwirkt, handelt, sondern um eine wirtschaftliche Folgemaßnahme. Das Immissionsschutzgesetz schützt nicht die Wirtschaftsstruktur einer Region bzw. das arbeitsmarktpolitische Gleichgewicht.
Wenn der Nachbar dem Ordnungsamt der Stadt entgegenhält, daß ihm die Stadt (durch ihr Liegenschaftsamt oder Wirtschaftsförderungsamt) das Gelände der Shredder-Anlage als Erweiterungsfläche versprochen habe, so ist auch dieser Einwand wie im vorigen Absatz mit der Zweckbestimmung des Imissionsschutzgesetzes nicht vereinbar. Selbst wenn die versprochene Vorratsfläche einen ausreichenden Abstand zu benachbarten Industriebetrieben hätte sichern sollen, handelt es sich hier nur um privatrechtliche Abwehransprüche nach § 14 Immissionsschutzgesetz. Die Veräußerung von gemeindeeigenen Flächen zum Zwecke der Wirtschaftsförderung erfolgt grundsätzlich privatrechtlich, da der gemeindeeigene Grund und Boden in Industriebetrieben nicht hoheitlichen Aufgaben (wie z. B. bestimmte Gebäude) dient.
Das Ordnungsamt der Stadt R. wird daher die Genehmigung nach § 4 Immissionsschutzgesetz erteilen.

Frage: Was kann die benachbarte Möbeltischlerei M. sonst noch unternehmen?

Antwort: Sie könnte zivilrechtlich zu hindern versuchen, daß die Firma D. die Vorratsfläche von der Stadt erhält. Ein Anspruch aus Eigentum oder Besitz kann die Firma M. jedoch nicht gegen die Stadt geltend machen, da sie die Vorratsfläche noch nicht übertragen bekam. Selbst wenn die Möbeltischlerei eine notariell beurkundete Zusicherung auf spätere Vergabe der Erweiterungsfläche bekommen hätte (§ 313 BGB), so verschafft ihr das lediglich einen Schadensersatzanspruch gegen die Stadt, wenn diese ihr Versprechen später nicht einhalten kann, sondern die Fläche vorzeitig an eine andere Firma vergibt.
Zivilrechtlich könnte die Möbeltischlerei auch versuchen, wegen Eigentumsstörung nach § 1004 gegen den neuen Nachbarn vorzugehen. Die zivilrechtliche Duldungspflicht aus dem Nachbarrecht des BGB (906) richtet sich jedoch auch nach den ortsüblichen Immissionen. Die zivilrechtlichen Nachbarschutzbestimmungen bringen der Möbeltischlerei in diesem Fall nicht mehr Abwehr als das öffentl.-rechtliche Immissionsschutzgesetz.

Frage: Kann die Firma M. die gewerberechtliche Genehmigung nach § 4 Immissionsschutzgesetz vor dem Verwaltungsgericht anfechten, obwohl die Genehmigung nicht ihr, sondern der Firma D. erteilt wird?

Antwort: Die Anfechtung setzt voraus, daß der Kläger in seinen Rechten verletzt ist. Der Kläger könnte verletzt sein, wenn er geltend macht, daß die genehmigte Geräuschimmission den Rahmen seiner Duldungspflicht als Nachbar übersteigt. Denn wenn § 4 Immissionsschutzgesetz nur die „erhebliche" Belästigung des Nachbarn verhindern will, so hat der Nachbar zwar grundsätzlich ein bestimmtes Maß an Geräuschen zu ertragen; gehen sie jedoch darüber hin-

aus, so ist er nach dem Gesetz betroffen. Das Bundesverwaltungsgericht hat daher (Deutsches Verwaltungsblatt 1970 Seite 215ff.) dem Nachbarn grundsätzlich eine Klagebefugnis zugesprochen, wenn er in den Grenzen der Duldungspflicht verletzt wird.
Ob der Kläger die Immission tatsächlich zu dulden hat oder nicht, die Grenzen also überschritten sind oder nicht, ist eine Frage der Begründetheit (die oben bereits beantwortet ist) und nicht mehr eine Frage der Zulässigkeit der Klage.

XXIII. Fehlerhafter Verwaltungsakt

Fall: Die Schrottfirma D. stellt einen Antrag auf Genehmigung nach § 4 Immissionsschutzgesetz für die Errichtung der o.g. Shredder-Anlage. Sie reicht den Antrag bei der Gemeindeverwaltung einer Vorortgemeinde ein, in der sich der Firmensitz befindet. Die Schrottanlage selbst soll in der benachbarten Großstadt errichtet werden. Das Bauamt der Vorortgemeinde lehnt den Antrag ab. Was kann die Firma D. gegen die Ablehnung tun?

Lösung:

1. Eine Klage vor dem Verwaltungsgericht ist grundsätzlich zulässig, weil es sich um eine öffentl.-rechtliche Streitigkeit handelt. Aus gesundheitspolizeilichen Gründen wird die Genehmigung eines Gewerbebetriebes abgelehnt.
2. Als Klageart könnte die Anfechtungsklage zulässig sein.

a) Der Kläger begehrt die Aufhebung der Ablehnung seines Genehmigungsantrages (§ 42 VwGO). Die Ablehnung ist ein Verwaltungsakt, denn ...
b) Der Kläger kann geltend machen, durch die Ablehnung in seinen Rechten verletzt zu sein, weil er nach § 6 Immissionsschutzgesetz grundsätzlich einen Anspruch auf Erteilung der Genehmigung hat, wenn er die Voraussetzungen des § 5 erfüllt.

3. Die Klage ist begründet, wenn der Kläger nachweist, daß die Ablehnung rechtswidrig ist, der Verwaltungsakt somit anfechtbar. Grundsätzlich ist jeder Verwaltungsakt anfechtbar, wenn die Rechtsgrundlage fehlt, also nach der geltenden Rechtsnorm der Bescheid hätte erteilt werden müssen.

Eine Ausnahme gilt jedoch dann, wenn die Verwaltungsbehörde einen so schwerwiegenden Fehler beim Erlaß des Verwaltungsaktes begangen hat, daß dieser offenkundig ist. In solchen Fällen ist (s. § 44 Bundesverwaltungsverfahrensgesetz) der Verwaltungsakt nicht nur anfechtbar, sondern sogar nichtig. Das kann einmal sein, wenn wesentliche Bestandteile des Verwaltungsaktes fehlen, z. B. jeder Hinweis auf die erlassende Behörde, die Aushändigung einer erforderlichen Urkunde oder wenn etwas Unmögliches oder Rechtswidriges von der Verwaltungsbehörde verlangt wird.

Im vorliegenden Fall ist eine sachlich völlig unzuständige Behörde tätig geworden. Denn sachlich zuständig für die Erteilung einer Genehmigung nach dem Immissionsschutzgesetz ist das Ordnungsamt. Dieses befindet sich nicht in einer 3000 großen Gemeinde, sondern nur bei Landkreisen, kreisfreien oder selbständigen Städten und unterschiedlich nach Landesrecht durchweg auch in kleineren Städten ab rund 5000 Einwohner. Im vorliegenden Fall hat daher auch anstelle des Ordnungsamtes das Bauamt den Verwaltungsakt erlassen. In derartigen Fällen, in denen eine offensichtlich sachlich unzuständige Behörde ohne die erforderliche Fachkenntnis einen Bescheid auf einem anderen Rechtsgebiet erlassen hat, ist der Verwaltungsakt nichtig. Eine Anfechtungsklage ist daher nicht mehr erforderlich.

Frage: Was kann die Firma D. tun, um diesen nichtigen Verwaltungsakt „aus der Welt zu schaffen"?

Antwort: Die Firma D. hat ein berechtigtes Interesse an der baldigen Feststellung, daß der Verwaltungsakt nichtig ist. Sie kann damit eine Feststellungsklage gemäß § 43 VwGO geltend machen.

Frage: Kann die Firma D. die Feststellungsklage auch darauf stützen, daß die Vorortgemeinde örtlich nicht zuständig sei, da grundsätzlich die Ordnungsbehörde zu entscheiden hat, in deren Zuständigkeit die Betriebsstätte liegt; diese liegt nicht in der Vorortgemeinde, sondern in der benachbarten kreisfreien Stadt.

Antwort: Die örtliche Unzuständigkeit begründet in der Regel keine Nichtigkeit des Verwaltungsaktes. Ein solcher Verwaltungsakt ist grundsätzlich nur anfechtbar. Die Anfechtungsklage ist jedoch erfolglos, wenn sich bei der Prüfung der Begründetheit herausstellt, daß die örtlich unzuständige Verwaltungsbehörde einen sachlich richtigen Verwaltungsakt erlassen hat. (Vgl. § 46 Bundesverwaltungsverfahrensgesetz).

Merke: Unwesentliche Verfahrens- und Formfehler können während des Vorverfahrens noch geheilt werden (vgl. § 45 Bundesverwaltungsverfahrensgesetz). So kann der für den Erlaß des Verwaltungsaktes erforderliche Antrag die Begründung, Anhörung eines Beteiligten, Mitwirkung einer anderen Dienststelle etc. nachgeholt werden.

Eine besondere Form der Heilung eines fehlerhaften Verwaltungsaktes enthält die sog. Umdeutung (§ 47 Verwaltungsverfahrensgesetz). Sie ist allerdings nur sehr begrenzt zulässig: Der fehlerhafte Verwaltungsakt muß in Verfahrenform und Rechtsgrundlage einem anderen gültigen Verwaltungsakt entsprechen. Das heißt, eine andere Genehmigung hätte unter den gleichen Voraussetzungen erteilt werden können. Außerdem muß der neue Verwaltungsakt dem gleichen Zweck entsprechen wie dem fehlerhaften.

XXIV. Untersagung des ausgeübten Gewerbebetriebes

Die Erlaubnis oder Genehmigung eines Gewerbebetriebes schützt den Bürger nicht davor, daß der Betrieb aus polizeilichen Gründen untersagt werden kann. In der Praxis zeigen sich im wesentlichen zwei Fälle: a) wenn der Gewerbetreibende in seiner Person unzuverlässig ist, oder b) wenn von dem Gewerbebetrieb selbst Gefahren für die Allgemeinheit ausgehen.

Fall: Der zwanzigjährige P. vertreibt vor Schulgebäuden während der Unterrichtspausen Pornohefte an Schüler. Das Ordnungsamt der Stadt untersagt ihm den weiteren Verkauf dieser Schriften. P. beruft sich auf seine Reisegewerbekarte, die ihm den Verkauf aller Zeitschriften von Haus zu Haus erlaube. Nachdem das Ordnungsamt den P. zweimal erfolglos aufgefordert hat, den Verkauf der jugendgefährdenden Schriften zu unterlassen, entzieht das Amt ihm die Reisegewerbekarte. Zu Recht?

Lösung: Nach § 58 GewO kann die Reisegewerbekarte entzogen werden, wenn der Antragsteller gemäß § 57 Abs. 1 Nr. 1 für die Ausübung des Reisegewerbes nicht die erforderliche Zuverlässigkeit besitzt.

Grundsätzlich bedarf P. der Erteilung der Reisegewerbekarte nach § 55 Abs. 1 Nr. 1. Die erforderliche Zuverlässigkeit gem. § 57 besitzt er dann nicht mehr, wenn er sein Reisegewerbe in rechtswidriger Weise ausübt und sich dieser Rechtswidrigkeit auch bewußt ist. Der Verkauf jugendgefährdender Schriften an Jugendliche verstößt gegen das Jugendschutzgesetz und ist damit nach § 56 Abs. 1 Nr. 1 i Gewerbeordnung im Reisegewerbe verboten. Verstößt P. trotz zweimaliger Aufforderung weiterhin gegen diese Schutzvorschriften, so rechtfertigt das die Annahme, daß er nicht gewillt ist, sein Reisegewerbe in rechtmäßiger Weise auszuüben.

Die Reisegewerbekarte ist daher nicht nur zu versagen, sondern sie kann nach § 58 auch dann nachträglich entzogen werden, wenn die Bewilligungsbehörde von dem Tatbestand der Unzuverlässigkeit erst später erfährt oder diese erst nach Erteilung eingetreten ist. Hier liegen beide Voraussetzungen vor. Die Behörde kann daher die Genehmigung des Reisegewerbes – ein begünstigender und ursprünglich auch rechtmäßig erlassener Verwaltungsakt – wieder entziehen. § 59 GewO enthält damit einen wesentlichen Tatbestand des Widerrufs rechtmäßiger Verwaltungsakte (vgl. § 49 Abs. 2 Bundesverwaltungsverfahrensgesetz).

Frage: Was hätte die Behörde unternehmen können, wenn P. keine Reisegewerbekarte benötigte, z. B. weil er den Zeitschriftenverkauf in einer Gemeinde mit weniger als 10000 Einwohnern durchführte (s. § 55a Abs. 1 Nr. 3 GewO)?

Antwort: In solchen Fällen kann nach § 59 GewO die Ausübung des Reisegewerbes untersagt werden.

Merke: Auch die Ausübung des stehenden Gewerbes kann persönlich untersagt werden, wenn der Gewerbetreibende unzuverlässig ist. § 35 GewO ist in jedem Falle anwendbar, gleich ob es sich um nicht genehmigungspflichtiges stehendes Gewerbe handelt, für das nur eine Anzeigepflicht nach § 14 besteht, oder ob es sich um genehmigungspflichtige stehende Gewerbebetriebe handelt. (Ausnahmen bei Spezialgesetzen § 35 Abs. a: z. B. Gaststätten, Personen- und Güterverkehr).

Fall: Klempnermeister K. betreibt einen Handwerksbetrieb mit mehreren Gesellen und Lehrlingen. Seit drei Jahren hat er nicht mehr die fälligen Sozialversicherungsbeiträge für seine Mitarbeiter abgeführt. Mahnungen der Behörde waren erfolglos. Die höhere Verwaltungsbehörde untersagt dem K. die Gewerbeausübung. Zu Recht?

Lösung: Die Klempnerei ist ein stehendes Gewerbe, das nach § 35 von K. nicht mehr ausgeübt werden darf, wenn Tatsachen vorliegen, die seine Unzuverlässigkeit dartun, sofern die Untersagung zum Schutze der Allgemeinheit oder der im Betrieb Beschäftigten erforderlich ist. § 35 ist also eine Schutzbestimmung für die Kundschaft und die Belegschaftsmitglieder. Dieses geschützte Rechtsgut ist verletzt, wenn K. auch auf Anmahnung dauernd die fälligen Sozialversicherungsbeiträge nicht für seine Arbeitnehmer leistet. Weitere wichtige Fälle der Praxis: Sittliche Verfehlungen gegenüber Auszubildenden, dauernde und erhebliche Verstöße gegen Preisvorschriften und Qualitätsgarantien.

Merke: Nur die persönliche Gewerbeausübung kann nach § 35 GewO untersagt werden. Es ist also durchaus möglich, daß ein anderer den Gewerbebetrieb fortsetzt.
Von diesen Fällen ist die Untersagung des Gewerbebetriebes aus sachlichen Gründen zu unterscheiden, durch die der Betrieb in der Regel wegen Gefahren für die Allgemeinheit ohne Rücksicht auf die Person des Inhabers stillgelegt wird. Derartige Fälle sind in § 20 Immissionsschutzgesetz und § 51 GewO geregelt.

Beispiel: Eine Müllverbrennungsanlage wurde nach § 6 Immissionsschutzgesetz mit der Auflage genehmigt, daß der Betreiber einen 120 m hohen Schornstein errichtet. Tatsächlich erreicht der Schornstein nur eine Höhe von 60 m. Nach Inbetriebnahme der Anlage klagt ein Bürger über Luftverschmutzung. Als die Verwaltungsbehörde auf Erfüllung der Auflage drängt, erklärt der Betreiber, daß der Schornstein aus statischen Gründen nicht auf 120 m erhöht werden könne. In diesem Fall kann die Verwaltungsbehörde den weiteren Betrieb der Anlage untersagen; gleichwohl bleibt die Genehmigung nach § 6 Immissionsschutzgesetz aufrechterhalten, weil nur eine bestimmte Gefahrenquelle, nicht aber der gesamte Betrieb beseitigt werden soll.

Merke: Die Genehmigung oder Erlaubnis zum Betreiben einer Anlage, die sog. Sachkonzession, kann nicht ohne weiteres widerrufen oder zurückgenommen werden. Denn wenn der Betreiber rechtmäßig eine Genehmigung zum Betrieb der Anlage erhält, so muß er sich darauf verlassen können, daß er kostspielige Investitionen ohne rechtliches Risiko vornehmen darf. Daher muß dem Betreiber einer genehmigten Anlage nach § 51 GewO Schadensersatz geleistet werden, wenn der Gewerbebetrieb wegen überwiegender Nachteile und Gefahren für das Allgemeinwohl untersagt wird.
Dagegen ist die Rücknahme von sog. Personalkonzessionen, die dem Gewerbetreibenden aus persönlichen Gründen die Ausübung bestimmter Berufe gestatten, durchaus zulässig (§ 53 GewO). Denn in diesen Fällen können andere Personen, die die persönliche Befähigung zur Ausübung des Gewerbes haben, den Betrieb fortsetzen, ohne daß eine Gefahr für die Allgemeinheit entsteht.

XXV. Widerruf bzw. Rücknahme von Verwaltungsakten

Hat die Behörde eine Gewerbeerlaubnis oder -genehmigung einmal erteilt, so kann sie diese nicht ohne weiteres widerrufen oder zurücknehmen. Der Bürger ist in seinem Vertrauen auf die Bestandskraft des Verwaltungsaktes geschützt, je nachdem ob der Verwaltungsakt rechtmäßig oder unrechtmäßig ist, ob er den Bürger begünstigt oder nicht.
Im allgemeinen Verwaltungsrecht sind daher vier Fallgruppen zu unterscheiden:
1. Der Widerruf des rechtmäßigen, den Bürger aber nicht begünstigenden Verwaltungsaktes ist grundsätzlich möglich (vgl. § 49 Abs. 1 Bundesverwaltungsverfahrensgesetz).
2. Der Widerruf des rechtmäßigen begünstigenden Verwaltungsaktes kann dagegen nur in fünf Fällen begründet werden (vgl. § 49 Abs. 2 Bundesverwaltungsverfahrensgesetz): nämlich bei Widerrufsvorbehalt, Nichterfüllung einer Auflage, nachträglich eintretenden Tatsachen, die eine Versagung rechtfertigen, Änderung der Rechtslage und Gefahren für das Allgemeinwohl. Diese fünf Fälle berechtigen jedoch nicht immer zum Widerruf; die Gewerbeordnung z. B. beschränkt den Widerruf rechtmäßig erteilter begünstigender Erlaubnisse oder Genehmigungen auf nachträglich eintretende Versagungsgründe und Nichterfüllung einer Auflage (s. §§ 53 und 58 Gewerbeordnung bzw. § 20 Immissionsschutzgesetz).
3. Die Rücknahme eines rechtswidrigen den Bürger nicht begünstigenden Verwaltungsaktes ist ebenfalls wie zu 1 jederzeit möglich (vgl. § 48 Abs. 1 Bundesverwaltungsverfahrensgesetz).

4. Der rechtswidrige aber begünstigende Verwaltungsakt kann nicht ohne weiteres zurückgenommen weden, wenn der Bürger ein Recht darauf hatte, auf den Bestand des Verwaltungsaktes zu vertrauen und deshalb Leistung verbraucht oder Vermögensdispositionen vorgenommen hat.

Beispiel: Gewerbetreibender erbaut Werkshalle mit Investitionszulage, die er mangels Strukturverbesserung nicht erhalten durfte (vgl. § 48 Abs. 2 Bundesverwaltungsverfahrensgesetz). Sofern die Begünstigung des Verwaltungsaktes nicht in Geld- oder Sachleistung besteht, kann der Bürger sogar Schadensersatz verlangen, wenn sein Vertrauensschutz höher ist als das öffentliche Interesse an der Rücknahme des Verwaltungsaktes.

Der Vertrauensschutz auf die Bestandskraft des rechtswidrigen ihn begünstigenden Verwaltungsaktes ist jedoch ausgeschlossen, wenn

a) er selbst den Verwaltungsakt durch arglistige Täuschung, Drohung oder Bestechung,
b) oder durch unrichtige Angaben erwirkt hat, oder
c) die Rechtswidrigkeit des Verwaltungsaktes kannte oder hätte kennen müssen (vgl. § 49 Abs. 2 Satz 3 Bundesverwaltungsverfahrensgesetz).

In den beiden ersten Fällen spricht man von einer sog. „Selbstanfechtung" der Behörde; der dritte Fall betrifft Böswilligkeit bzw. selbstverschuldete Rechtsunkenntnis.

Beispiel: Gewerbetreibender wußte beim Bau der Werkshalle, daß ihm die Investitionszulage nicht hätte bewilligt werden dürfen.

Frage: Welche Fälle der Rücknahme bzw. des Widerrufs von Verwaltungsakten regeln § 53 Abs. 2 Nr. 1 und 2 der Gewerbeordnung? Vergleichen Sie diese Fälle mit §§ 48 und 49 des Bundesverwaltungsverfahrensgesetz!

Antwort: § 53 Abs. 2 Nr. 1 regelt die Rücknahme eines rechtswidrigen begünstigenden Verwaltungsaktes (vgl. § 48 Abs. 2 Bundesverwaltungsverfahrensgesetz). Dabei richtet sich nach allgemeinen Regeln des Verwaltungsrechts, ob der Gewerbetreibende einen Vertrauensschutz und damit gegebenenfalls einen Schadensersatzanspruch für seine Investitionen geltend machen kann oder nicht (vgl. hierzu ebenfalls § 48 Abs. 2 und 3 Bundesverwaltungsverfahrensgesetz).

§ 53 Abs. 2 Nr. 2 regelt den Widerruf eines rechtmäßigen begünstigenden Verwaltungsaktes (vgl. § 49 Abs. 2 Nr. 3 Bundesverwaltungsverfahrensgesetz).

Fall: L. erzielt die Erlaubnis zum Betreiben eines Lebensmittelgeschäftes nach dem Einzelhandelsgesetz. Seine Sachkunde hatte er durch Urkunde der Kaufmannsgehilfenprüfung zum Lebensmittelkaufmann sowie durch eine zweijährige anschließende Tätigkeit in einem Lebensmittelgeschäft nachgewiesen. Später erfuhr die Behörde, daß L. zwar seine Berufspraxis richtig angegeben, aber seine Kaufmannsgehilfenprüfung in Wahrheit nicht bestanden, sondern die Urkunde gefälscht hatte. Sie entzog daraufhin die Erlaubnis zum Betreiben eines Einzelhandelsgeschäftes nach dem Lebensmittelgesetz. L. ist damit nicht einverstanden; was kann er dagegen tun?

Lösung: L. könnte klagen.
Es handelt sich um eine öffentl.-rechtliche Streitigkeit nach § 40 VwGO, da die Behörde eine gewerbepolizeiliche Genehmigung entzogen hat, die nur sie hoheitsrechtlich erteilen kann.
Eine Anfechtungsklage ist nach § 42 VwGO zulässig, da einerseits der Entzug einer Genehmigung ebenso einen Verwaltungsakt darstellt wie die Erteilung einer solchen. (Denn der Entzug ist die Regelung eines Einzelfalles ...) Durch den Entzug macht der Kläger nach § 42 Abs. 2 VwGO geltend, daß er durch sein angebliches Recht auf Erteilung einer Erlaubnis nach dem Einzelhandelsgesetz verletzt ist.
Die Anfechtungsklage ist begründet, wenn die Behörde die Erlaubnis nicht hätte entziehen dürfen. Der angefochtene Bescheid ist die Rücknahme eines rechtswidrigen begünstigenden Verwaltungsaktes im Sinne des § 48 Abs. 3 bzw. 2 Bundesverwaltungsverfahrensgesetz. Rechtswidrig ist er deshalb, weil L. für die Erteilung der Erlaubnis nach § 3 Abs. 2 des Einzelhandelsgesetzes nicht die erforderliche Sachkunde nachgewiesen hat. Denn tatsächlich hat er nicht die Kaufmannsgehilfenprüfung gem. § 4 Abs. 2 Nr. 1 abgelegt; auch die Tatbestände der Nr. 2 und 3 des § 4 Abs. 2 liegen nicht vor. Die erteilte Erlaubnis ist daher rechtswidrig.
Die Rücknahme dieses rechtswidrigen begünstigenden Verwaltungsaktes ist jedoch nur unter der Voraussetzung möglich, daß der Vertrauensschutz des L. nicht entgegensteht. (S. § 48 Abs. 2 und 3 Bundesverwaltungsverfahrensgesetz). L. kann sich auf sein Vertrauen nicht berufen, da er den Verwaltungsakt durch arglistige Täuschung erwirkt hat. (S. Abs. 2 Satz 3 in § 48 Bundesverwaltungsverfahrensgesetz, der auch für Abs. 3 desselben § gilt). Mit der Rücknahme hat die Behörde eine sog. „Selbstanfechtung" der Gewerbeerlaubnis ausgesprochen, die grundsätzlich zur Rücknahme von rechtswidrigen begünstigenden Verwaltungsakten berechtigt, gleich ob es sich um Geld- und Sachleistungen oder um immaterielle Begünstigungen handelt.

Fallergänzung: Ändert sich die Rechtslage, wenn L. in den beiden letzten Jahren als Geschäftsführer eines Lebensmittelgeschäftes fungiert hätte?

Lösung: Die Anfechtungsklage ist nur dann begründet, wenn auch in diesem Fall die Behörde einen rechtswidrigen (begünstigenden) Verwaltungsakt zurückgenommen hat. Rechtswidrig ist jedoch die erteilte Erlaubnis nach § 3 Einzelhandelsgesetz nicht mehr dann, wenn die notwendige Sachkunde auf andere Weise nachgewiesen ist. Das wäre hier nach Nr. 3 des § 4 Abs. 2 Einzelhandelsgesetz geschehen, denn aus der Verweisung nach Abs. 3 des § 4 ergibt sich, daß L. nur fünf Jahre in einem Lebensmittelgeschäft tätig sein mußte, davon zwei Jahre leitend, eine Kaufmannsgehilfenprüfung jedoch nicht erforderlich ist.

Demnach ist nicht ein rechtswidriger (begünstigender) Verwaltungsakt zurückgenommen, sondern ein rechtsmäßiger (begünstigender) Verwaltungsakt widerrufen worden. Dieses kann nur unter den Voraussetzungen entsprechend § 49 Abs. 2 Bundesverwaltungsverfahrensgesetz erfolgen.

Ein Widerrufstatbestand nach Nr. 3 des § 49 Abs. 2 liegt dann vor, wenn nachträglich Tatsachen eintreten, die eine Versagung der Erlaubnis rechtfertigen. Im vorliegenden Fall hat sich L. einer Urkundenfälschung und eines versuchten Betruges schuldig gemacht, weil er mit gefälschter Urkunde eine Erlaubnis – einen vermögenswerten Vorteil – erschleichen wollte. Das sind Tatsachen, aus denen sich ein Mangel der für die Leitung des Unternehmens erforderlichen Zuverlässigkeit ergibt. Die Behörde hätte damit nach § 3 Abs. 2 Nr. 2 Einzelhandelsgesetz die Erlaubnis versagen können; denn wer im Rechtsverkehr strafrechtlich relevante Vermögensdelikte begeht, ist nicht zuverlässig genug, um im öffentlichen Handelsverkehr Waren gegen Entgelt anzubieten.

Der Widerrufstatbestand des § 49 Abs. 2 Nr. 3 Bundesverwaltungsverfahrensgesetz ist aber nicht erfüllt, weil der Versagungsgrund schon vor der Erteilung der Erlaubnis eingetreten ist. Damit ist ein Widerruf nur noch nach § 49 Abs. 2 Nr. 5 denkbar. Ein Einzelhändler, der Vermögensdelikte begeht, bedeutet eine Gefahr für die Sicherheit des Handels und Geldverkehrs; „schwere Nachteile für das Gemeinwohl“ müssen allerdings konkret bevorstehen.

Fall: In einem o.g. Beispiel wurde eine Müllverbrennungsanlage nach § 6 Immissionsschutzgesetz mit der Auflage genehmigt, daß der Betreiber einen 120 m hohen Schornstein errichtet. Die Verwaltungsbehörde untersagt später den weiteren Betrieb der Anlage, weil tatsächlich nur ein 60 m hoher Schornstein errichtet wurde, und Bürger in der Umgebung über Luftverschmutzung klagen. Der Betreiber der Anlage kann später durch ein Gutachten nachweisen, daß die Luftverschmutzung nicht durch seine Anlage verursacht wurde und der 60 m hohe Schornstein mit einem Luftfilter genau denselben Umweltschutzeffekt erzielt wie ein 120 m hoher Schornstein. Was kann der Betreiber tun?

Lösung: Hier liegt nicht ein Fall der Rücknahme oder des Widerrufs eines belastenden Verwaltungsaktes vor. Denn die Behörde will nicht von sich aus tätig werden, vielmehr begehrt der antragstellende Bürger die Beseitigung eines ihn belastenden Verwaltungsaktes. In solchen Fällen ist ein Antrag auf „Wiederaufgreifen des Verfahrens“ durch die Behörde möglich (vgl. § 51 Bundesverwaltungsverfahrensgesetz). Danach ist die Behörde verpflichtet, ihre vorangegangene unanfechtbare Entscheidung zu revidieren, wenn sich die Rechts- und Sachlage zugunsten des Betroffenen ändert oder neue Beweismittel vorliegen, die dem Betroffenen eine günstigere Entscheidung herbeiführen. Durch das vorgelegte Gutachten ist erwiesen, daß die behördliche Auflage in dem Umfang unnötig war und der Betreiber mit einem Schornstein von 60 m die notwendigen Umweltschutzvorkehrungen getroffen hat, die für eine Genehmigung nach § 6 Immissionsschutzgesetz ausgereicht hätten.

Frage: Was kann der Betreiber tun, wenn er die Dreimonatsfrist zur Antragstellung (vgl. § 51 Abs. 3 Bundesverwaltungsverfahrensgesetz) versäumt hat?

Antwort: Er kann jederzeit einen Antrag an die Behörde stellen, daß sie den belastenden rechtsmäßigen oder rechtswidrigen Verwaltungsakt aufhebt und einen neuen erläßt. (Vgl. § 51 Abs. 5 Bundesverwaltungsverfahrensgesetz). Im Gegensatz zum Wiederaufgreifen des Verfahrens besteht hier allerdings keine Revisionsverpflichtung der Behörde; die Behörde wird vielmehr auf einen neuen zweiten Antrag tätig. (Es entstehen neue Bearbeitungsgebühren, das Antragsverfahren beginnt wieder von vorne usw.). Die Wiederaufnahme des Verfahrens hat daher im Verwaltungsrecht geringere Bedeutung als im Prozeßrecht bei Gerichtsurteilen: Denn der Verwaltungsakt ist nur formell rechtskräftig d. h. unanfechtbar, in seinem materiellen Gehalt kann die Entscheidung der Behörde jedoch auf Antrag des Bürgers abgeändert werden. Demgegenüber haben Gerichtsurteile auch sog. materielle Rechtskraft.

XXVI. Sachkundenachweis in Handwerk und Handel

Der Grundsatz der Gewerbefreiheit ist – wie schon ausgeführt – in der Gewerbeordnung grundsätzlich dann eingeschränkt, wenn Gefahren für die Allgemeinheit abgewehrt werden müssen. Die Gewerbefreiheit ist daher durch Erlaubnisse bzw. Genehmigungen eingeschränkt, die ihrerseits an die Zuverlässigkeit des Gewerbetreibenden in seiner Person oder an Schutz- bzw. Sicherheitsvorschriften für die zu betreibende gewerbliche Anlage gekoppelt sind.

Die Anforderungen an die Zuverlässigkeit des Gewerbetreibenden werden dann besonders erhöht, wenn der Gesetzgeber die Gewerbeerlaubnis von einer besonderen Sachkunde abhängig macht. Das kann generell nur zulässig sein, wenn die Sachkunde zur Vermeidung von Gefahren für die Allgemeinheit erforderlich ist.

1. Die Ausübung des *Einzelhandels* mit Waren aller Art hatte der Gesetzgeber ursprünglich an einen Sachkundenachweis geknüpft, der nach § 4 Einzelhandelsgesetz durch eine Kaufmannsgehilfenprüfung und eine anschließende praktische Tätigkeit im Handel von mindestens zwei Jahren zu belegen war. Diese weitgehende Einschränkung hat das Bundesverfassungsgericht mit Beschluß vom 14. 12. 1965 für verfassungswidrig erklärt, weil nach Art. 12 des Grund-

gesetzes die Berufsfreiheit unbeschränkbar ist, die Berufsausübung aber nur durch bestimmte Schutzgesetze beschränkt werden kann. Geblieben ist der Sachkundenachweis im Handel für Lebensmittel, Arzneimittel, ärztliche Hilfsmittel, weil es sich hier um Waren handelt, die bei unsachgemäßer Behandlung Gesundheitsschäden für die Käufer hervorrufen können. (Z. B. durch Verderblichkeit von Lebensmitteln, Verwechseln von Medikamenten). Mit der Berufs- und Gewerbefreiheit vereinbar bleibt allerdings, daß an jeden Einzelhändler die allgemeinen Zuverlässigkeitsvoraussetzungen nach § 3 Abs. 2 Nr. 2 Einzelhandelsgesetz gestellt werden. Zuverlässigkeit muß jedoch nicht durch fachliche, sondern durch charakterliche Qualifikation erfüllt werden, nämlich daß der Einzelhändler gewillt ist, die Rechtsordnung zu beachten (Z. B. Schutz der Käufer vor Betrug im Waren- und Geldverkehr). Ausführliche Fallbehandlung s. voriges Kapitel XI.

2. Den selbständigen Betrieb eines *Handwerks* kann grundsätzlich nur der betreiben, der in dem entsprechenden Berufsbild die Meisterprüfung bestanden hat. (§ 1 Abs. 1 in Verbindung mit § 7 Abs. 1 der Handwerksordnung.) Auch in Ausnahmefällen des § 8 sind die notwendigen Kenntnisse und Fertigkeiten in dem zu betreibenden Handwerk nachzuweisen; darüber hinaus muß die Meisterprüfung eine unzumutbare Belastung bedeuten. Der Schutzgedanke der Handwerksordnung liegt nicht etwa nur darin, die ständische Berufsordnung zu sichern. Vielmehr muß sich die Allgemeinheit darauf verlassen können, daß bestimmte Leistungen oder Reparaturen, die nur ein Handwerker „in Handarbeit" erbringen kann, auch fachgerecht ausgeübt werden. Der *Begriff Handwerk* setzt also voraus, daß der Einsatz von Maschinen und sonstigen technischen Hilfsmitteln nur zur Erleichterung der Handfertigkeit dient. Daher ist die Einzelanfertigung und nicht die Serienfabrikation entscheidendes Indiz. Schließlich kommt es für den Begriff Handwerk auf die fachliche Qualifikation der Beschäftigten und auf die persönliche Betriebsleitung des Handwerksmeisters an. Nur bestimmte Berufsbilder setzen besondere Handfertigkeit voraus, die die Meisterqualifikation erfordern; sie werden je nach technischer und wirtschaftlicher Entwicklung vom Bundeswirtschaftsminister durch Rechtsverordnung festgelegt. (§ 1 Abs. 3 Handwerksordnung.) Bilden die handwerklichen Leistungen nicht den wesentlichen Teil der Tätigkeit eines Gewerbebetriebes, so handelt es sich um ein sog. „Minderhandwerk", für das der Sachkundenachweis nicht gilt.

Fall: Der Kfz-Mechaniker K. betreibt neben einer Tankstelle mit drei ungelernten Kräften eine Autoreparaturwerkstatt mit einem weiteren Kfz-Mechaniker. Ist die Ausführung der Reparaturen zulässig?

Lösung: Tankstelleninhaber, die nicht mit dem Kraftfahrzeugmechanikerhandwerk in der Handwerksrolle eingetragen sind, dürfen nur Reparaturen in unerheblichem Umfange vornehmen (siehe § 3 I, 2 Handwerksordnung). Diese Grenze ist eingehalten, wenn die fachgerechte Beherrschung des Vollhandwerks nicht erforderlich ist und der Umsatz von Kraftstoffen den wirtschaftlichen Schwerpunkt der Tankstelle bildet. Der Bundeswirtschaftsminister hat in seinem Berufsbild für das Kraftfahrzeugmechanikerhandwerk wie auch für das Kraftfahrzeugelektrikerhandwerk durch Erlasse vom 9. 5. und 23. 8. 1957 das Arbeitsgebiet beider Handwerkszweige sowie die hier erforderlichen Fertigkeiten und Kenntnisse einzeln aufgeführt. Unerheblich sind daher nur Tätigkeiten wie z. B. Motor reinigen, Ölwechsel, Abschmieren, Reifenschäden beseitigen usw., die nicht zu den üblichen Fertigkeiten eines Kfz-Berufsbildes gehören.

Der Kfz-Mechaniker K. kann also nur diese leichteren Reparaturarbeiten ausführen lassen, da er nicht mit diesem Handwerk in der Handwerksrolle eingetragen ist. Die Voraussetzungen für die Eintragung (Meisterprüfung) liegen nicht vor (siehe §§ 1 I, 7 I HO).

Frage: Kann die Behörde bei Unzuverlässigkeit des Handwerkers die Ausübung des Gewerbes untersagen?

Antwort: Ja, nach § 35 Gewerbeordnung. Die Gewerbeordnung ist zur Handwerksordnung ergänzend heranzuziehen, da Handwerksbetriebe grundsätzlich auch Gewerbebetriebe im Sinne des § 1 Gewerbeordnung sind. Soweit die Handwerksordnung Sonderregelungen trifft, gehen diese vor. Im vorliegenden Fall wird die Anwendung aus § 35 Gewerbeordnung jedoch nicht ausgeschlossen (siehe § 35 Abs. 8).

F. Wettbewerbsrecht

XXVII. Wettbewerbsbeschränkungen

Wettbewerbsschutz gehört zur Wirtschaftsordnung. Das *Gesetz gegen Wettbewerbsbeschränkungen* – auch *Kartellgesetz* genannt – will den Wettbewerb für die Unternehmen vor allem vor Kartellen (§ 1), marktbeherrschenden Unternehmen (§ 22) und Bindungen der zweiten Hand (§ 15) schützen. Das Kartellamt wacht mit öffentl.-rechtl. Verfügungen über die Einhaltung der Bestimmungen. Auch wenn die Zivilgerichte Beschwerdeinstanzen sind (§§ 72, 73 GWB), so sind die angefochtenen Verfügungen doch hoheitliche Maßnahmen (marktordnenden Charakters) auf dem Gebiet des öffentlichen Rechts.

Kartelle sind zivilrechtliche Unternehmerabsprachen, die zu gemeinsamem Verhalten getroffen werden. Sie können den Wettbewerb stören, so Vereinbarungen über einheitliche Preise, Aufteilung von Absatzgebieten, Produktionskontingentierung; im Ergebnis muß die Wahlmöglichkeit des Kunden beschränkt werden.

Wettbewerbsstörende Kartelle sind grundsätzlich verboten. Bestimmte Kartelle können vom Kartellamt nach §§ 2 bis 8 besonders erlaubt bzw. zugelassen werden (begünstigender Verwaltungsakt). Eine Übersicht zeigt die Tabelle, auf der übernächsten Seite. Verstöße gegen Verbote ahndet das Kartellamt mit Geldbußen nach § 38 GWB (Verwaltungsakt mit strafrechtlichem Charakter).

Der Wettbewerb kann „horizontal" beschränkt werden, indem sich Unternehmen der gleichen Wirtschaftsstufe zu gemeinsamem Handeln absprechen. Der Wettbewerb kann aber auch „vertikal" beschränkt werden, indem der Hersteller seinen Abnehmer verpflichtet, die Ware nur zu einem bestimmten Preis, in bestimmten Bezirken oder an bestimmte Abnehmer weiterzuverkaufen. Eine derartige Bindung der zweiten Hand ist nach § 15 GWB grundsätzlich verboten; § 16 GWB enthält allerdings für Preise von Verlagserzeugnissen und Büchern eine weitgehende Ausnahme. Gegen verbotene Preisbindungen kann die Kartellbehörde im Rahmen der Mißbrauchsaufsicht (siehe § 17 GWB) einschreiten, wenn die Preisbindung geeignet ist, die Ware in ungerechtfertigtem Maße zu versteuern oder ein Absinken der Preise zu verhindern. Art. 85 Abs. 1 EWG-Vertrag verbietet ebenfalls grundsätzlich Bindungen der zweiten Hand; hier übt die EWG-Kommission eine Mißbrauchsaufsicht aus – natürlich nicht über Beschränkungen im Binnenhandel, sondern über Wettbewerbsabsprachen, die den Handel zwischen den EWG-Mitgliedstaaten beeinträchtigen können.

Schließlich kann der Wettbewerb durch marktbeherrschende Unternehmen (siehe § 22 GWB) beschränkt werden, wenn das Unternehmen ohne Wettbewerber oder keinem wesentlichen Wettbewerb ausgesetzt ist. Als Beweisvermutung für ein marktbeherrschendes Unternehmen gilt, wenn es für eine bestimmte Art von Waren einen Marktanteil von mindestens 1/3 innehat und mehr als 250 Mio DM jährlich umsetzt. Auch mehrere Unternehmen können als sog. „Oligopol" mit einem Marktanteil von 50% und mehr marktbeherrschend sein. Art. 86 EWG-Vertrag sieht für marktbeherrschende Unternehmen im Handel zwischen mehreren EWG-Mitgliedstaaten ebenfalls ein Verbot und eine Mißbrauchsaufsicht vor.

Wettbewerbschutz gibt es auch in einer Reihe von Spezialgesetzen. Dazu folgender *Fall:* Der Möbelhändler M. beantragt eine Ausnahmegenehmigung nach § 23 *Ladenschlußgesetz*, um sonntags sein Möbelgeschäft zur Besichtigung zu öffnen. Die Behörde lehnt seinen Antrag mangels öffentlichen Interesses ab. Zu Recht?

Lösung: Eine Ausnahmebewilligung muß die Behörde nach der allgemeinen Ladenschlußzeit (§ 3 Nr. 1) erteilen, wenn der Sonntagsverkauf im öffentlichen Interesse dringend nötig (unbestimmte Rechtsbegriffe) ist. Das könnte zur Befriedigung eines außergewöhnlichen Publikumsbedarfs, etwa von Getränken und Nahrungsmitteln bei sonntäglichen Massenveranstaltungen, begründet sein. Dafür ist hier nichts vorgetragen, so daß die Behörde richtig handelte.

Fraglich ist aber, ob überhaupt eine „Verkaufs"stelle i. S. des § 3 I vorliegt, andernfalls benötigt M. nämlich keine Ausnahmegenehmigung. Verkaufsstellen sind zwar nach § 1 Nr. 1 Ladengeschäfte aller Art, sie müssen aber nach § 3 I nur „für den geschäftlichen Verkehr", das ist der Warenverkauf, geschlossen sein. Das Öffnen der Geschäftsräume lediglich zur Besichtigung ohne Verkaufspersonal dient dagegen der Werbung und nicht dem Verkauf (BGH I ZR 65/74).

Damit wird der Zweck des Ladenschlußgesetzes („ratio legis") deutlich: Es soll möglichst gleiche Wettbewerbsbedingungen im Verkauf garantieren und das Verkaufspersonal vor einer Ausdehnung seiner Arbeitszeit schützen. Sogar die Chancengleichheit im Wettbewerb wird nicht beeinträchtigt, weil jeder Einzelhändler sein Ladengeschäft zur Besichtigung und damit zur Werbung offenhalten kann, ohne Verkaufspersonal beschäftigen zu müssen.

Kartelle

nach dem Gesetz gegen Wettbewerbsbeschränkungen v. 27. 7. 1957

Art	Inhalt	Zulässigkeitsvoraussetzung
Kartelle, allgemein	Alle Verträge oder Verbandsbeschlüsse, die den Wettbewerb beschränken	Grundsätzlich verboten (§ 1)
Konditionenkartell	Geschäfts-, Lieferungs- und Zahlungsbedingungen	Widerspruch des Kartellamtes möglich (§ 2)
Rabattkartell	Preisnachlaß für Mengen-, Umsatz- und Treueleistung des Abnehmers	Widerspruch des Kartellamtes möglich (§ 3)
Strukturkrisenkartell	Planmäßiger Abbau von Überkapazitäten bei Änderung der Wirtschaftsstruktur	Erlaubnis nach Ermessen (§ 4)
Normen- und Typenkartell	Vereinheitlichung technischer Normen und Typen	Anmeldung (§ 5 I)
Rationalisierungskartell	Betriebswirtschaftliche und zugleich volkswirtschaftliche Kostenersparnis	Erlaubnis nach Gesetz (§ 5 II)
Preiskartell oder Syndikat	Preisabsprache aufgrund vorgenannter Rationalisierung	Erlaubnis nach Gesetz (§ 5 III)
Angebots-Schema-Kartell	Einheitliche Leistungsbeschreibung oder Preisaufgliederung	Anmeldung (§ 5 IV)
Spezialisierungskartell	Arbeitsteilung (z. B. Vertrieb)	Widerspruch des Kartellamtes möglich (§ 5 a)
Kooperationskartell	Rationalisierung zwecks Leistungssteigerung (z. B. Einkauf)	Widerspruch des Kartellamtes möglich (§ 5 b)
Ausfuhrkartell	a) Regelung ausländ. Märkte b) mit Inlandswirkung	Anmeldung (§ 6 I) Erlaubnis (§ 6 II)
Einfuhrkartell	Bei Fehlen ausländischer Anbieter	Ermessen des Bundeskartellamtes (§ 7)
Ministerkartell	Aus überwiegenden Gründen des Gemeinwohls	Ermessen des Bundeswirtsch.-Ministers (§ 8)

XXVIII. Öffentl.-rechtl. Vertrag

Die sog. Fusionskontrolle des Kartellamtes gem. § 24 GWB ist in der Praxis natürlich nicht einfach zu handhaben, da die Stellung als marktbeherrschendes Unternehmen trotz der Beweisvermutung durch Größe und Umsatz vielfältig widerlegt werden kann. Das Kartellamt kann seine Mißbrauchsaufsicht nicht ohne Rechtskontrolle ausüben. Schließen sich also mehrere Unternehmen mit einem Marktanteil von mehr als 50% zusammen, so kann das Kartellamt diese Fusion zwar verbieten; es wird gegebenenfalls aber im Beschwerdeverfahren vor dem zuständigen Oberlandesgericht erst einmal nachzuweisen haben, ob ein solcher Marktanteil vorliegt.

Im Zweifel wird das Kartellamt versuchen, sich mit den Unternehmen zu einigen: Es wird – wie die Praxis häufig zeigt – von dem Verbot einer Fusion absehen, wenn die sich zusammenschließenden Unternehmen bestimmte wettbewerbsfördernde Garantien abgeben.

Mit dieser Willenseinigung zwischen einer Behörde und privaten Unternehmen ist ein sog. öffentl.-rechtl. Vertrag abgeschlossen (siehe § 54 Bundesverwaltungsverfahrensgesetz). Anstatt einen Verwaltungsakt zu erlassen, nämlich ein Verbot oder eine sonstige Maßnahme der Mißbrauchsaufsicht auszuüben, hat die Behörde einen öffentl.-rechtl. Vertrag mit den Unternehmen geschlossen, an die sie sonst den Verwaltungsakt richten würde. Im vorliegenden Fall dient dieser Vertrag dazu, durch gegenseitiges Nachgeben eine Ungewißheit über die Sach- und Rechtslage zu beseitigen; es handelt sich um einen sog. Vergleich (siehe § 55 Bundesverwaltungsverfahrensgesetz).

Die Wirksamkeit eines öffentl.-rechtl. Vertrages setzt allerdings voraus, daß es wirklich zu einer Willenseinigung zwischen den Parteien kommt und nicht zu einem verkleideten Verwaltungsakt, in dem die Behörde gegenüber dem Bürger bzw. einer Firma ein Verbot ausspricht oder eine Leistung bewilligt, die angenommen wird. Das vorliegende Beispiel der Fusionskontrolle zeigt dagegen, daß das Kartellamt anstelle eines Verbots wettbewerbsfördernde Maßnahmen aushandelt. Der öffentl.-rechtl. Zweck des Gesetzes, Wettbewerbsbeschränkungen zu verhindern, wird auf diese Weise voll erreicht.

Es ist in der Rechtslehre zwar nicht ganz unumstritten, ob öffentl.-rechtl. Verträge in jeder Weise zulässig sind, auch wenn sie im Gesetz nicht ausdrücklich vorgesehen sind. Das Bundesverwaltungsverfahrensgesetz schließt in § 59 öffentl.-rechtl. Verträge aber im wesentlichen nur dann aus, wenn ein Verwaltungsakt mit entsprechendem Inhalt nichtig wäre oder wenn sich die Behörde unzulässige Gegenleistungen versprechen läßt.

Wenn auch die Gesetze öffentl.-rechtl. Verträge nur in Einzelfällen vorsehen, so nehmen sie doch in der Praxis immer mehr zu. Das Gesetz sieht Verträge vor allem im Bauerschließungswesen (siehe § 123 III Bundesbaugesetz) zur

Regelung der baulichen Nutzung (siehe § 50 Bundesbaugesetz), über Wegebenutzung oder Wegeunterhaltung usw. vor.
Bei Rechtsstreitigkeiten über die Zulässigkeit öffentl.-rechtlicher Verträge ist die Feststellungsklage nach § 43 Verwaltungsgerichtsordnung, vor allem aber die Leistungsklage zwecks Erfüllung solcher Verträge gegeben.

G. Prüfungsfälle für Vordiplom

XXIX. Lösungsschema für staatsrechtl. und verwaltungsrechtl. Klausuren und Hausarbeiten

a) Staatsrecht

Das Bundesverfassungsgericht ist Hüter der Verfassung (§ 31 Abs. 1 u. 2 Bundesverfassungsgerichtsgesetz) und höchstes Rechtsprechungsorgan (Art. 92 GG).

Für die Zuständigkeiten gilt das *Enumerationsprinzip*, d. h. das Bundesverfassungsgericht ist nur in den gesetzlich ausdrücklich und abschließend vorgesehenen Fällen zur Entscheidung aufgerufen (grundsätzlich Art. 93 GG). Die wichtigsten Zuständigkeiten:

1. Organstreitigkeit gem. Art. 93 Abs. 1 Nr. 1 GG (§ 13 Nr. 5 BVerfGerG)

Dabei entscheidet das Bundesverfassungsgericht über die Rechte und Pflichten Oberster Bundes*organe* oder anderer Beteiligter, die durch das Grundgesetz oder die Geschäftsordnung eines Obersten Bundesorgans mit eigenen Rechten ausgestattet sind. Es darf nicht eine bloße Meinungsverschiedenheit vorliegen, sondern es muß sich um eine Verletzung oder unmittelbare Gefährdung von Rechten und Pflichten der Beteiligten handeln.

Nach der Rechtsprechung des Bundesverfassungsgerichts sind auch die politischen Parteien antragsberechtigt, wenn es um die Verletzung ihres verfassungsrechtlichen Status durch die Gestaltung des Wahlverfahrens geht.

2. Abstrakte Normenkontrolle gemäß Art. 93 Nr. 2 GG

Bei einer abstrakten Normenkontrolle kann ein Gesetz ohne jeden Zusammenhang mit einem Einzelfall vom Bundesverfassungsgericht überprüft werden. Antragsberechtigt sind nach Art. 93 Abs. 1 Nr. 2 nur die Bundesregierung, jede Landesregierung und ein Drittel der Mitglieder des Bundestags.
Überprüft werden kann jede Rechtsvorschrift, nicht nur Gesetze im formellen Sinne, sondern z. B. auch Rechtsverordnungen oder Satzungen.
„Meinungsverschiedenheiten und Zweifel" im Sinne des Art. 93 Abs. 1 Nr. 2 liegen gemäß § 76 BVerfGerG vor, wenn der Antragsteller Bundes- oder Landesrecht

1. wegen seiner förmlichen oder sachlichen Unvereinbarkeit mit dem Grundgesetz oder dem sonstigen Bundesrecht für nichtig hält oder
2. für gültig hält, nachdem ein Gericht, eine Verwaltungsbehörde oder ein Organ des Bundes oder eines Landes das Recht als unvereinbar mit dem Grundgesetz oder sonstigem Bundesrecht nicht angewendet hat.

In jedem Fall muß es sich jedoch schon um eine erlassene, d. h. zunächst wirksame Rechtsvorschrift handeln. Es ist gem. Art. 93 Abs. 1 Nr. 2 nicht gestattet, im Wege einer sogenannten „vorbeugenden Normenkontrollklage" vor dem Bundesverfassungsgericht sein Recht zu suchen.

3. Streitigkeiten aus dem Bund-Länderverhältnis gemäß Art. 93 Abs. 1 Nr. 3

Das Bundesverfassungsgericht entscheidet hiernach bei Meinungsverschiedenheiten über Rechte und Pflichten des Bundes und der Länder, insbesondere bei Ausführung von Bundesrecht für Länder und bei der Ausübung der Bundesaufsicht.
Während es bei den Organstreitigkeiten um einen Prozeß zwischen verschiedenen Organen ein und desselben Organträgers geht, handelt es sich bei den öffentlich-rechtlichen Streitigkeiten zwischen Bund und Ländern oder zwischen verschiedenen Ländern (Art. 93 Abs. 1 Nr. 3, 4) um Verfahren zwischen verschiedenen Organträgern, also zwischen verschiedenen juristischen Personen. Antragsberechtigt sind hierfür nur die Regierungen von Bund und Ländern (§§ 68, 71 Abs. 1 Nr. 1 u. 2 BVerfGerG).

4. Verfassungsbeschwerde gem. Art. 93 Nr. 4a und 4b

Nach Art. 93 Abs. 1 Nr. 4a GG, § 90 BVerfGerG kann jedermann Verfassungsbeschwerde zum Bundesverfassungsgericht erheben, wenn er meint, durch die öffentliche Gewalt in seinen Grundrechten verletzt zu sein.
Öffentliche Gewalt = Gesetzgebung, Rechtsprechung und Verwaltung (nur hoheitliche Tätigkeit, in der Regel, wenn ein Verwaltungsakt erlassen ist).
Voraussetzung: Behauptung, in einem Grundrecht verletzt zu sein.
Im einzelnen: a) Frist:
regelmäßig gem. § 93 BVerfG 1 Monat. Bei Verfassungsbeschwerde gegen ein Gesetz 1 Jahr.
b) Erschöpfung des Rechtsweges:
Grundsätzlich erst dann Verfassungsbeschwerde, wenn der Rechtsweg gegen den Akt, der angeblich ein Grundrecht verstößt, erschöpft ist.
Ausnahme, wenn dem Beschwerdeführer ein *schwerer* und *unabwendbarer* Nachteil entstünde, falls er auf den Rechtsweg verwiesen würde, oder wenn das Bundesverfassungsgericht die Sache für allgemein bedeutsam hält (§ 90 Abs. 2 BVerfGG).
Stichwort: Bundesverfassungsgericht ist keine Superrevisionsinstanz.
c) Parteifähigkeit:
Parteifähig sind im Verfassungsbeschwerdeverfahren alle Träger von Grundrechten, also auch rechtsfähige und nichtrechtsfähige Vereinigungen, soweit sie Verletzung ihrer Grundrechte geltend machen.
d) Prozeßfähigkeit:
Stellt die Frage nach der persönlichen Vertretung im Prozeß. Minderjährige und Entmündigte müssen durch ihren gesetzlichen Vertreter diese Verfassungsbeschwerde erheben. Alle sonstigen natürlichen Personen sind prozeßfähig. Vereinigungen werden durch ihre satzungsmäßigen Organe vertreten.
e) Klagebefugnis:
Hier wird zur Popularklage abgegrenzt (nicht jedermann soll sich gegen jeden verfassungswidrigen Akt wenden). Klagebefugt ist nur der, der durch einen Hoheitsakt *persönlich* betroffen ist. Gegen Gesetze ist daher eine Verfassungsbeschwerde normalerweise nicht unmittelbar zulässig. Erst wenn die Behörden das Gesetz gegen Einzelpersonen anwenden, kann *inzidenter* bei der Überprüfung des jeweiligen Hoheitsaktes das Gesetz mitgeprüft werden. Ausnahme: Wenn schon der bloße Erlaß des Gesetzes „unmittelbar und gegenwärtig“ eine Verletzung der Grundrechte von einzelnen beinhalten könnte.

5. Konkrete Normenkontrolle gem. Art. 100 Abs. 1 GG

Ansatz: Verfassungswidrige Gesetze dürfen von niemandem angewendet werden, auch nicht von den Gerichten.
Folge: Wenn Gerichte Zweifel an der Verfassungsmäßigkeit der von ihnen angewendeten Gesetze haben, müssen sie diese Frage dem Bundesverfassungsgericht zur Entscheidung vorlegen.
Voraussetzungen:

a) Es muß ein Gericht mit dieser Sache befaßt sein.
b) Es muß um die Gültigkeit eines formellen und nachkonstitutionellen Gesetzes gehen (vorkonstitutionelle Gesetze können jederzeit von dem angerufenen Gericht selbständig auf ihre Verfassungsmäßigkeit überprüft werden).
c) Die Gültigkeit der zu überprüfenden Norm muß *entscheidungserheblich* sein.
d) Das vorlegende Gericht muß von der Verfassungswidrigkeit des Gesetzes überzeugt sein.

Wenn diese Voraussetzungen vorliegen, kann das Gericht durch einen sogenannten Vorlagebeschluß die Überprüfung einer Rechtsnorm beim Bundesverfassungsgericht beantragen.
Merksatz: Jedes Gericht hat zwar Prüfungskompetenz, die Verwerfungskompetenz hat allein das Bundesverfassungsgericht.

b) Verwaltungsrecht

Bei der Verwendung des Schemas ist stets zu beachten, daß es sich hierbei um eine generalisierende, möglichst alle Fragen behandeln wollende Sammlung von Prüfungspunkten handelt, die im Einzelfall nicht notwendigerweise geprüft werden müssen. So gesehen handelt es sich um eine innere Scheckliste, die man nur dann in der Klausur bearbeiten muß, wenn sich bei den einzelnen Punkten Probleme ergeben.

1. Zulässigkeit der Klage

Anm.: Bei der Prüfung der Zulässigkeit der Klage geht es nur darum, *ob* ein Gericht im konkreten Fall zuständig ist. Im Rahmen einer öffentlich-rechtlichen Übung wird es dabei hauptsächlich darauf ankommen, herauszufinden, ob eine Klage vor einem Verwaltungsgericht zulässig ist. Dies wird man nur dann bejahen können, wenn folgende Voraussetzungen gegeben sind:

(1) Zulässigkeit des Verwaltungsrechtswegs (§§ 40, 41 VvGO). (Bei Unzulässigkeit des Rechtswegs ggf. Verweisung § 41 Abs. III VvGO.)
   (a) Öffentlich-rechtliche Streitigkeit = privatrechtliche Streitigkeit
   (b) Streitigkeit nicht verfassungsrechtlicher Art = Streitigkeit verfassungsrechtlicher Art
   (c) Keine gesetzliche Zuweisung an ein anderes Gericht.

(2) Richtige Klageart (Hinwirkung auf sachdienliche Anträge, § 86 Abs. 3 VwGO)
   Anm.: Abzustellen ist jeweils auf das Klagebegehren. Wenn sich der Kläger gegen Maßnahmen hoheitlicher Gewalt wehrt, kommt in der Regel Anfechtungsklage, bzw. wenn kein Verwaltungsakt vorliegt: die allgemeine Leistungsklage in Betracht; wenn man von der Verwaltung etwas beansprucht, so kommt, wenn es sich dabei um einen Verwaltungsakt handelt, die Verpflichtungsklage, ansonsten wiederum die allgemeine Leistungsklage in Betracht. Wenn der Kläger ein Rechtsverhältnis, das zwischen Bürger und Staat in irgendeiner Form besteht, festgestellt haben lassen will, so kommt die Feststellungsklage in Betracht. Deswegen ist es wichtig, unter dieser Voraussetzung nach den Klagearten zu differenzieren:
   (a) Anfechtungsklage (§ 42 Abs. 1 VwGO)
   (b) Verpflichtungsklage (§ 42 Abs. 1 VwGO)
   (c) Sonstige Abwehr- und Leistungsklage
   (d) Feststellungsklage (§ 43 VwGO)

(3) Klagebefugnis (§ 42 Abs. 2 VwGO)
   Anm.: Klagebefugnis richtet sich nach Adressaten- oder Möglichkeitstheorie.

(4) Vorverfahren (§§ 68 ff VwGO)

(5) Klagefrist (§ 74 VwGO)
   Die beiden letztgenannten Voraussetzungen muß man, wenn im Fall dazu nichts Besonderes angemerkt ist, als unterstellt ansehen.
   Wenn die Voraussetzungen vorliegen, so endet die Prüfung üblicherweise mit dem Satz: „folglich demnach, daher, also ist die Anfechtungs-, Verpflichtungs-, Leistungs- oder Feststellungsklage vor dem Verwaltungsgericht zulässig."

2. Begründetheit einer Klage

Bei der Begründetheit der Klage ergibt sich grundsätzlich ein zweispuriger Aufbau. Wie oben schon angedeutet, hängt dies davon ab, was der Kläger will. Wer von der Verwaltung irgendeine Leistung oder ein bestimmtes Handeln begehrt, muß darauf einen Anspruch haben. Demzufolge muß sich der Kläger an die sachlich und örtlich zuständige richtige Behörde wenden und dieser gegenüber eine Anspruchsgrundlage besitzen, aufgrund derer die Behörde zum Handeln verpflichtet ist. Diese Anspruchsgrundlage kann sich aus Gesetzen und sonstigen allgemeinen Rechtsgrundsätzen oder Rechtsgedanken herleiten lassen.

Falls sich der Kläger gegen behördliches Tun wehren will, so muß prinzipiell ähnlich geprüft werden. Ansatz und Einstieg sind jedoch etwas modifiziert. Man wird etwa so formulieren können: „Die Klage wäre begründet, wenn der angegriffene Verwaltungsakt (Verwaltungshandeln) rechtswidrig und der Kläger dadurch in seinen Rechten verletzt ist.“

A. Formelle Rechtmäßigkeit einer behördlichen Maßnahme
(1) Sachliche Zuständigkeit der Behörde
(2) Örtliche Zuständigkeit der Behörde
(3) Vorgeschriebene Form sowie Bestimmtheit der Maßnahme

B. Materielle Rechtmäßigkeit einer behördlichen Maßnahme
(1) Rechtsgrundlage
  (a) Spezialermächtigung
  (b) Generalermächtigung
(2) Richtiger Adressat der Maßnahme
(3) Notwendigkeit sowie Verhältnismäßigkeit
(4) Zulässigkeit etwa angeordneter Zwangmittel
(5) Schranken anderer Gesetze, insbesondere Grundgesetz

XXX. Prüfungsfälle mit Lösungen

1. Fall (zweistündige Klausur)
Der Schweizer Landmaschinenfabrikant L. aus Basel möchte in Braunschweig einen Zweigbetrieb errichten, in dem Rasenmäher montiert werden, deren Motore in Basel hergestellt werden. Zu diesem Zweck beantragt er bei der Bewilligungsbehörde in B. einen Zuschuß von 25% aus dem Programm zur Verbesserung der regionalen Wirtschaftsstruktur. Im einzelnen will er eine Montagehalle für 3 Mio DM errichten und eine Lagerhalle zum Vertrieb der Waren für 1 Mio DM. Insgesamt will er 50 neue Arbeitsplätze schaffen.

Die Bewilligungsbehörde lehnt den Antrag ab, weil L. Schweizer Staatsangehöriger sei. Im übrigen müsse er für diese Förderungssumme mindestens 70 neue Arbeitsplätze schaffen, wie das bei anderen geförderten Betrieben auch geschehe. Im Vorverfahren weist L. darauf hin, daß er zwar mit mehr Arbeitsplätzen rechne, aber nur die Neuschaffung von 50 Arbeitsplätzen anerkennen wolle. Im übrigen dürfe er nicht als Schweizer benachteiligt werden.

Kann L. mit Erfolg klagen, oder welche sonstigen Ansprüche kann er geltend machen?

2. Fall (zweistündige Klausur)
Der Maurergeselle G. will ein Baugeschäft eröffnen. Er gründet zu diesem Zweck die G.-Gesellschaft und beantragt die entsprechenden Eintragungen. Es ist dabei davon auszugehen, daß es sich um einen handwerklichen Betrieb handelt. G. gibt an, daß der bei ihm beschäftigte M. Maurermeister ist. Aufgrund dieser Unterlagen wird die G.-Gesellschaft nach Eintragung in die Handwerksrolle auch in das Handelsregister eingetragen.
Nach drei Jahren stellt sich heraus, daß M. kein Meister ist. Die Verwaltungsbehörde widerruft die Gewerbeerlaubnis und streicht die G.-Gesellschaft aus der Handwerksrolle.
Kann sich die G.-Gesellschaft wehren, besonders dann, wenn sie nicht wußte, daß M. kein Meister ist?

3. Fall (Hausarbeit)
Die A-AG betreibt seit 1935 auf einem ursprünglich einsam gelegenen Grundstück der Gemeinde G ein Kunststoffwerk. Zu dessen Errichtung war ihr seinerzeit sowohl die bau- als auch gewerberechtliche Genehmigung erteilt worden. Im Laufe der Zeit wurde das umliegende Gebiet immer mehr mit Wohnhäusern bebaut. Auf zunehmende Beschwerden der Nachbarschaft wegen Geruchsbelästigung und Schadstoffausstoß untersagte G 1968 der A A-G die Weiterführung des Betriebes. Daraufhin schloß die A A-G den Betrieb und beabsichtigte, ihn einige Kilometer weiter in einem unwegsamen, am Rande eines Moores liegenden Gebiet neu zu errichten. Dieses Gelände, so wurde ihr versichert, komme für eine zukünftige Bebauung nicht in Frage. Infolgedessen wurde der A A-G noch 1968 der Betrieb dieser Anlage gemäß § 16ff GewO*) genehmigt. In dieser Genehmigung wird ausdrücklich vom Freibleiben des umliegenden Geländes zu Bauzwecken ausgegangen. Der A A-G wurde gleichzeitig versichert, eine nochmalige Verlegung habe sie nicht zu befürchten. Daraufhin errichtete sie die Anlage nach modernsten Gesichtspunkten mit hohen finanziellen Aufwendungen.
Anfang 1975 beschloß der Rat der Gemeinde G, das fragliche Gebiet mit anderen Gemeinden zu einem Naturpark mit einem Erholungszentrum auszubauen. In einem entsprechenden Bebauungsplan wird das Gelände auch als

*) Anmerkung:
Durch Inkrafttreten des BImSchG im Jahre 1974 wurden die bisher einschlägigen Vorschriften der Gewerbeordnung (§ 4–23) aufgehoben. Demnach ist der Fall nach BImSchG zu lösen.

Naherholungsgebiet ausgewiesen. Gewerbegebiete, insbesondere störende Industrieanlagen sollen dort nicht mehr existieren. In der Nähe des Betriebes der A A-G soll nach diesen Plänen ein großes Freizeitgelände mit Badeteichen und Sportanlagen entstehen.
Unter Bezug auf diese Änderung der Umstände widerruft G die Gewerbegenehmigung gemäß § 21 Bundesimmissionsschutzgesetz (BImSchG). Sie macht geltend, daß sie wegen dieser nachträglich eingetretenen Tatsachen- und Rechtsänderungen die damalige Genehmigung nicht hätte erteilen dürfen. Sie beruft sich auch auf das öffentliche Interesse an dem Widerruf.
A hingegen will den Widerruf nicht hinnehmen. Er bezieht sich auf die Zusicherung von 1968 und fragt, ob und wie er gegen den Widerrufbescheid vorgehen kann.

Lösung des 1. Falles

I. *Zulässigkeit* der Verwaltungsklage: Öffentl.-rechtl. Streitigkeit, da öffentliche Haushaltsmittel für die Wirtschaftsförderung begehrt werden. Verpflichtungsklage, weil Verwaltungsbehörde an die Entscheidung gebunden werden soll, ihr aber die Verpflichtung auferlegt werden soll, entsprechend gerichtlicher Entscheidung das Ermessen auszuüben.

II. *Begründetheit:* Zwar kein Rechtsanspruch auf regionale Förderungsmittel, aber wohl subjektiv öffentliches Recht auf fehlerfreien Ermessensgebrauch. Beschränkung der Förderung auf deutsche Staatsangehörige ist Ermessensüberschreitung, da Programm-Richtlinien in Nr. 5 derartige Begrenzungen nicht vorsehen. Im übrigen sind die drei Voraussetzungen gemäß Nr. 5 der Programmrichtlinien erfüllt für die Montagehalle, nicht aber für die Vertriebshalle.
Jedoch ist die Auflage, 70 Arbeitsplätze zu schaffen, zulässig. Dem Zweck der Richtlinien steht nicht entgegen, wenn Bewilligungsbehörde die zur Verfügung stehenden Haushaltsmittel möglichst effektiv einsetzen will. Gegen Gleichbehandlung wird nicht verstoßen, wenn andere Betriebe relativ mehr Arbeitsplätze für die beantragte Förderungssumme schaffen.
Da L. die berechtigte Auflage nicht erfüllen will, ist die Klage als unbegründet abzuweisen.
L. kann aber für seine Investitionen eine Investitionszulage von 7,5% verlangen. Die Voraussetzungen nach § 1 Abs. 1 in Verbindung mit § 2 Abs. 2 Nr. 2 sind erfüllt. Die Zulage wird jedoch nur für die Montagehalle und nicht für die Vertriebshalle gewährt. In letzterer werden nicht überwiegend Güter hergestellt oder Leistungen erbracht gemäß § 2 Abs. 2 Nr. 2 Investitionszulagegesetz.

Lösung des 2. Falles

I. Es käme eine Klage vor dem Verwaltungsgericht in Betracht (§ 12 Handwerksordnung in Verbindung mit § 40ff. VWGO). Hier Anfechtungsklage, da bei Rücknahme des Widerrufes die erteilte Gewerbeerlaubnis wiederauflebt. Die Klagebefugnis ist nach der Adessatentheorie gegeben. Vorverfahren ist zu unterstellen.

II. Die Klage wäre begründet, wenn der Widerruf rechtswidrig wäre. Der Widerruf wäre rechtswidrig, wenn keine Ermächtigungsnorm für Widerruf vorhanden wäre.
Ermächtigungsnorm könnte § 48 des Verwaltungsverfahrensgesetzes sein. Dann müßte der Verwaltungsakt zunächst rechtswidrig sein. Das ist an Hand der Handwerksordnung zu prüfen. Gem. § 1 Handwerksordnung hätte die G.-Gesellschaft nur dann eine Gewerbeerlaubnis erhalten können, wenn sie in die Handwerksrolle eingetragen wäre. In die Handwerksrolle wäre sie eingetragen, wenn sie entweder selbst Handwerksmeister im Sinne von § 7 Abs. 1 ist oder wenn der Betriebsleiter Handwerksmeister im Sinne von § 7 Abs. 4 Handwerksordnung ist.
Beides liegt jedoch hier nicht vor, so daß die Gewerbeerlaubnis zunächst rechtswidrig ist. Als weitere Voraussetzung des § 48 des Verwaltungsverfahrensgesetzes dürfte der G.-Gesellschaft kein Vertrauensschutz zugebilligt werden können. Im Ergebnis kein Vertrauensschutz, da die G.-Gesellschaft fahrlässigerweise annahm, daß M. Meister ist. Man hätte sich den Meisterbrief vorlegen lassen müssen.
Klage also zulässig, aber unbegründet.

Lösung des 3. Falles

I.

Die A A-G könnte zur Recht gegen den Widerruf vorgehen, wenn dieser rechtswidrig wäre und sie dadurch in ihren Rechten verletzt wäre.
Der Widerruf bedarf einer Ermächtigungsgrundlage, weil er der A A-G einen rechtmäßigen begünstigenden Verwaltungsakt entzieht.
1. Demnach darf die Gewerbeerlaubnis nicht frei widerrufen werden sondern nur dann, wenn nach § 21 BISchG gesetzlich ausdrücklich ein Widerruf zugelassen ist, ein solcher im ursprünglichen Verwaltungsakt vorbehalten worden war, Auflagen nicht erfüllt worden sind, oder das öffentliche Interesse bei wesentlicher Änderung der Sach- und Rechtslage einen solchen Widerruf er-

fordert. Die Sonderregelung nach § 21 BISchG geht der allgemeinen Regelung des § 49 Bundesverwaltungsverfahrensgesetz vor.

a) Im einzelnen könnte § 21 Abs. 1 Nr. 3 BISchG in Betracht kommen. Dann müßten zunächst nachträglich Tatsachen eingetreten sein. Hier ist ein Bebauungsplan aufgestellt worden, der dazu führte, daß das von der A A-G bewirtschaftete Gelände nunmehr in einer bestimmten Art und Weise verwendet werden soll. Wenn im Zeitpunkt der Genehmigung 1968 dieser Bebauungsplan schon vorhanden gewesen wäre, wäre G. berechtigt gewesen, die Genehmigung zu verweigern, weil in Naturparks Industrieansiedlungen unzulässig sind. Schließlich muß ohne den Widerruf das öffentliche Interesse gefährdet sein. Das öffentliche Interesse ist gefährdet, wenn das Werk der A A-G dem öffentlichen Zweck der Ausweisung des Geländes als Natur-, Landschaftsschutz- und Naherholungsgebiet zuwiderläuft.

b) Da die A A-G schon von der Genehmigung Gebrauch gemacht hat, kann der Widerruf nicht auf § 21 Abs. 1 Nr. 4 BISchG gestützt werden.

c) Er könnte aber auch mit Abs. 1 Nr. 5 BISchG begründet werden, wenn schwere Nachteile für das Allgemeinwohl verhütet würden. Hier wird eine großräumige Landschaftsplanung betrieben, die der Naherholung einer ganzen Region dient. Einzelne emissionsbelastende Gewerbebetriebe könnten diesen Zweck vereiteln. Dann könnten durch den Widerruf schwere Nachteile für das Allgemeinwohl verhütet werden.

Demnach sind die gesetzlichen Widerrufsvoraussetzungen erfüllt und G. kann rechtswirksam widerrufen.

2. Fraglich ist jedoch, ob G. aus anderen Gründen nicht am Widerruf gehindert wäre. Das könnte der Fall sein, wenn die A A-G im Vertrauen auf den Bestand der Genehmigung erhebliche Vermögensdispositionen getroffen hätte und mit einem Widerruf nicht mehr hätte rechnen müssen (Entsprechend § 49 V, 44 III S 3 Bundesverwaltungsverfahrensgesetz). Der Vertrauensschutz könnte in der Zusicherung, eine nochmalige Verlegung nicht mehr befürchten zu müssen, gesehen werden. Fraglich ist nur, ob sie überhaupt gegeben werden durfte. Wenn die Behörde verpflichtet gewesen wäre, die Genehmigung ohne diese Zusicherung zu erteilen, wäre sie rechtswidrig. Aus § 4 i. V. m. § 21 BISchG ergibt sich, daß grundsätzlich ohne weitere Nebenbestimmungen zu genehmigen ist; allenfalls sind Auflagen möglich. Die Zusicherung hingegen ist nicht als Vorbehalt der Verwaltung anzusehen, sondern als eine über die Genehmigung hinausgehende Mehrleistung. Damit könnte sich die Behörde – vorab geprüft – der Widerrufsmöglichkeiten des § 21 Abs. 1 BlSchG begeben haben. § 21 Abs. 1 BISchG will aber Widerrufsmöglichkeiten, die aus dem öffentlichen Interesse geboten sind, erhalten und ermöglichen. Wenn demnach Widerrufsgründe vorhanden sind und nicht widerrufen werden kann, weil sich die Behörde den Weg dazu versperrt hat, kann letztlich dem Sinn und

Zweck des § 21 BISchG nicht mehr Genüge getan werden. Vereinbarungen und Verpflichtungen der Behörde, die den Widerrufsmöglichkeiten des § 21 Abs. 1 BISchG zuwider- oder entgegenlaufen, müssen als unzulässig angesehen werden. Die Zusicherung ist daher rechtswidrig. Bei rechtswidrigen Verpflichtungen der Behörde besteht aber grundsätzlich kein Vertrauenstatbestand für den betroffenen Privaten.
3. Ob die A A-G für die erneute Verlegung entschädigt wird, ist nur eine Frage der Folge des Widerspruches, nicht aber eine, die sich auf die Rechtmäßigkeit des Widerrufs selber auswirkt. Es soll jedoch angemerkt werden, daß sich aus Art. 14 Abs. 1 GG eine solche Entschädigungspflicht ergibt. Sowohl die Gewerbeordnung (§ 51) als auch das BISchG (§ 21 Abs. 4) tragen dem Rechnung. Demnach war der Widerruf rechtmäßig. Eine Klage der A A-G wäre unbegründet.

II.

Falls sie jedoch gegen den Widerruf vorgehen wollte, so müßte eine solche Klage zulässig sein.
1. Es könnte eine öffentlich-rechtliche Streitigkeit nach § 40 Abs. 1 VwGO sein. Dabei kommt es auf den Rechtscharakter des Rechtsverhältnisses an; hier findet das Gewerbe- und Immissionsschutzrecht als spezielles öffentliches Recht Anwendung für die Rechtmäßigkeit des Widerrufs. Damit ist der Verwaltungsrechtsweg eröffnet.
2. Hinsichtlich der Klageart könnte die Anfechtungs- oder Verpflichtungsklage in Betracht kommen. Entscheidend ist dabei das Klagebegehren. Die A A-G will in erster Linie weiter produzieren. Sie will die Arbeit ungehindert fortsetzen. Das könnte sie nur dann, wenn sie weiterhin mit Genehmigung tätig wäre. Der Widerruf der ursprünglichen Genehmigung hat diese aber beseitigt (auflösend bedingt), so daß die A A-G nunmehr ohne Genehmigung arbeiten würde. Es wäre ihr daher zu raten, gegen den Widerruf dadurch vorzugehen, daß sie unter Aufhebung des Widerrufs auf neue Erteilung der Genehmigung klagt. Mithin wäre die Verpflichtungsklage vorzuziehen. Weiterhin müßte damit der Erlaß eines Verwaltungsaktes angestrebt werden. Ein Verwaltungsakt ist jede Regelung einer Verwaltungsbehörde auf dem Gebiete des öffentlichen Rechts mit Außenwirkung. Da die A A-G hier unmittelbar in ihrer gewerblichen Existenz getroffen wird, ist der Widerruf bzw. eine erneute Genehmigung Verwaltungsakt, so daß die Verpflichtungsklage insgesamt die richtige Klageart ist.
Die A A-G müßte weiterhin klagebefugt sein. Da sie Adressat des belastenden Verwaltungsaktes ist, steht ihr ein Rechtsschutzbedürfnis zu, so daß sich daraus ihre Klagebefugnis ergibt.

Ein Vorverfahren müßte gleichfalls durchgeführt werden.
Sollte die Gemeinde wegen des öffentlichen Interesses die sofortige Vollziehung des Widerrufs trotz Widerspruchs anordnen (§ 80 Abs. 2 Nr. 4 VwGO), so müßte die A A-G zunächst über § 80 Abs. 5 VwGO versuchen, den Suspensiveffekt wieder herstellen zu lassen. Falls sich G. daran nicht halten sollte, was wahrscheinlich ist, müßte man von vornherein versuchen, einstweiligen Rechtsschutz über § 123 VwGO zu erstreben. Das setzt jedoch zumindest voraus, daß die Klage Aussicht auf Erfolg hat. Das ist nicht der Fall, so daß einstweiliger Rechtsschutz nicht gewährt werden würde.

Ergebnis:
Die A A-G kann daher zwar Widerspruch gegen den Widerruf der Genehmigung einlegen und gegen den ablehnenden Bescheid dann auch Verpflichtungsklage erheben. Sie würde damit allenfalls Zeit gewinnen, Erfolg wäre der Klage jedoch nicht beschieden.

Gesetzesauszüge

Grundgesetz
für die Bundesrepublik Deutschland

Vom 23. Mai 1949

I. Die Grundrechte

Artikel 1

(1) Die Würde des Menschen ist unantastbar. Sie zu achten und zu schützen ist Verpflichtung aller staatlichen Gewalt.

(2) Das Deutsche Volk bekennt sich darum zu unverletzlichen und unveräußerlichen Menschenrechten als Grundlage jeder menschlichen Gemeinschaft, des Friedens und der Gerechtigkeit in der Welt.

(3) Die nachfolgenden Grundrechte binden Gesetzgebung, vollziehende Gewalt und Rechtsprechung als unmittelbar geltendes Recht.

Artikel 2

(1) Jeder hat das Recht auf die freie Entfaltung seiner Persönlichkeit, soweit er nicht die Rechte anderer verletzt und nicht gegen die verfassungsmäßige Ordnung oder das Sittengesetz verstößt.

(2) Jeder hat das Recht auf Leben und körperliche Unversehrtheit. Die Freiheit der Person ist unverletzlich. In diese Rechte darf nur auf Grund eines Gesetzes eingegriffen werden.

Artikel 3

(1) Alle Menschen sind vor dem Gesetz gleich.

(2) Männer und Frauen sind gleichberechtigt.

(3) Niemand darf wegen seines Geschlechtes, seiner Abstammung, seiner Rasse, seiner Sprache, seiner Heimat und Herkunft, seines Glaubens, seiner religiösen oder politischen Anschauungen benachteiligt oder bevorzugt werden.

Artikel 4

(1) Die Freiheit des Glaubens, des Gewissens und die Freiheit des religiösen und weltanschaulichen Bekenntnisses sind unverletzlich.

(2) Die ungestörte Religionsausübung wird gewährleistet.

(3) Niemand darf gegen sein Gewissen zum Kriegsdienst mit der Waffe gezwungen werden. Das Nähere regelt ein Bundesgesetz.

Artikel 5

(1) Jeder hat das Recht, seine Meinung in Wort, Schrift und Bild frei zu äußern und zu verbreiten und sich aus allgemein zugänglichen Quellen ungehindert zu unterrichten. Die Pressefreiheit und die Freiheit der Berichterstattung durch Rundfunk und Film werden gewährleistet. Eine Zensur findet nicht statt.

(2) Diese Rechte finden ihre Schranken in den Vorschriften der allgemeinen Gesetze, den gesetzlichen Bestimmungen zum Schutze der Jugend und in dem Recht der persönlichen Ehre.

(3) Kunst und Wissenschaft, Forschung und Lehre sind frei. Die Freiheit der Lehre entbindet nicht von der Treue zur Verfassung.

Artikel 8

(1) Alle Deutschen haben das Recht, sich ohne Anmeldung oder Erlaubnis friedlich und ohne Waffen zu versammeln.

(2) Für Versammlungen unter freiem Himmel kann dieses Recht durch Gesetz oder auf Grund eines Gesetzes beschränkt werden.

Artikel 9

(1) Alle Deutschen haben das Recht, Vereine und Gesellschaften zu bilden.

(2) Vereinigungen, deren Zwecke oder deren Tätigkeit den Strafgesetzen zuwiderlaufen oder die sich gegen die verfassungsmäßige Ordnung oder gegen den Gedanken der Völkerverständigung richten, sind verboten.

(3) Das Recht, zur Wahrung und Förderung der Arbeits- und Wirtschaftsbedingungen Vereinigungen zu bilden, ist für jedermann und für alle Berufe gewährleistet. Abreden, die dieses Recht einschränken oder zu behindern suchen, sind nichtig, hierauf gerichtete Maßnahmen sind rechtswidrig. Maßnahmen nach den Artikeln 12 a, 35 Abs. 2 und 3, Artikel 87 a Abs. 4 und Artikel 91 dürfen sich nicht gegen Arbeitskämpfe richten, die zur Wahrung und Förderung der Arbeits- und Wirtschaftsbedingungen von Vereinigungen im Sinne des Satzes 1 geführt werden.

Artikel 10

(1) Das Briefgeheimnis sowie das Post- und Fernmeldegeheimnis sind unverletzlich.

(2) Beschränkungen dürfen nur auf Grund eines Gesetzes angeordnet werden. Dient die Beschränkung dem Schutze der freiheitlichen demokratischen Grundordnung oder des Bestandes oder der Sicherung des Bundes oder eines Landes, so kann das Gesetz bestimmen, daß sie dem Betroffenen nicht mitgeteilt wird und daß an die Stelle des Rechtsweges die Nachprüfung durch von der Volksvertretung bestellte Organe und Hilfsorgane tritt.

Artikel 11

(1) Alle Deutschen genießen Freizügigkeit im ganzen Bundesgebiet.

(2) Dieses Recht darf nur durch Gesetz oder auf Grund eines Gesetzes und nur für die Fälle eingeschränkt werden, in denen eine ausreichende Lebensgrundlage nicht vorhanden ist und der Allgemeinheit daraus besondere Lasten entstehen würden oder in denen es zur Abwehr einer drohenden Gefahr für den Bestand oder die freiheitliche demokratische Grundordnung des Bundes oder eines Landes, zur Bekämpfung von Seuchengefahr, Naturkatastrophen oder besonders schweren Unglücks-

fällen, zum Schutze der Jugend vor Verwahrlosung oder um strafbaren Handlungen vorzubeugen, erforderlich ist.

Artikel 12

(1) Alle Deutschen haben das Recht, Beruf, Arbeitsplatz und Ausbildungsstätte frei zu wählen. Die Berufsausübung kann durch Gesetz oder auf Grund eines Gesetzes geregelt werden.

(2) Niemand darf zu einer bestimmten Arbeit gezwungen werden, außer im Rahmen einer herkömmlichen allgemeinen, für alle gleichen öffentlichen Dienstleistungspflicht.

(3) Zwangsarbeit ist nur bei einer gerichtlich angeordneten Freiheitsentziehung zulässig.

Artikel 13

(1) Die Wohnung ist unverletzlich.

(2) Durchsuchungen dürfen nur durch den Richter, bei Gefahr im Verzuge auch durch die in den Gesetzen vorgesehenen anderen Organe angeordnet und nur in der dort vorgeschriebenen Form durchgeführt werden.

(3) Eingriffe und Beschränkungen dürfen im übrigen nur zur Abwehr einer gemeinen Gefahr oder einer Lebensgefahr für einzelne Personen, auf Grund eines Gesetzes auch zur Verhütung dringender Gefahren für die öffentliche Sicherheit und Ordnung, insbesondere zur Behebung der Raumnot, zur Bekämpfung von Seuchengefahr oder zum Schutze gefährdeter Jugendlicher vorgenommen werden.

Artikel 14

(1) Das Eigentum und das Erbrecht werden gewährleistet. Inhalt und Schranken werden durch die Gesetze bestimmt.

(2) Eigentum verpflichtet. Sein Gebrauch soll zugleich dem Wohle der Allgemeinheit dienen.

(3) Eine Enteignung ist nur zum Wohle der Allgemeinheit zulässig. Sie darf nur durch Gesetz oder auf Grund eines Gesetzes erfolgen, das Art und Ausmaß der Entschädigung regelt. Die Entschädigung ist unter gerechter Abwägung der Interessen der Allgemeinheit und der Beteiligten zu bestimmen. Wegen der Höhe der Entschädigung steht im Streitfalle der Rechtsweg vor den ordentlichen Gerichten offen.

Artikel 15

Grund und Boden, Naturschätze und Produktionsmittel können zum Zwecke der Vergesellschaftung durch ein Gesetz, das Art und Ausmaß der Entschädigung regelt, in Gemeineigentum oder in andere Formen der Gemeinwirtschaft überführt werden. Für die Entschädigung gilt Artikel 14 Abs. 3 Satz 3 und 4 entsprechend.

Artikel 18

Wer die Freiheit der Meinungsäußerung, insbesondere die Pressefreiheit (Artikel 5 Abs. 1), die Lehrfreiheit (Artikel 5 Abs. 3), die Versammlungsfreiheit (Artikel 8), die Vereinigungsfreiheit (Artikel 9), das Brief-, Post- und Fernmeldegeheimnis (Artikel 10), das Eigentum (Artikel 14) oder das Asylrecht (Artikel 16 Abs. 2) zum Kampfe gegen die freiheitliche demokratische Grundordnung mißbraucht, verwirkt diese Grundrechte. Die Verwirkung und ihr Ausmaß werden durch das Bundesverfassungsgericht ausgesprochen.

Artikel 19

(1) Soweit nach diesem Grundgesetz ein Grundrecht durch Gesetz oder auf Grund eines Gesetzes eingeschränkt werden kann, muß das Gesetz allgemein und nicht nur für den Einzelfall gelten. Außerdem muß das Gesetz das Grundrecht unter Angabe des Artikels nennen.

(2) In keinem Falle darf ein Grundrecht in seinem Wesensgehalt angetastet werden.

(3) Die Grundrechte gelten auch für inländische juristische Personen, soweit sie ihrem Wesen nach auf diese anwendbar sind.

(4) Wird jemand durch die öffentliche Gewalt in seinen Rechten verletzt, so steht ihm der Rechtsweg offen. Soweit eine andere Zuständigkeit nicht begründet ist, ist der ordentliche Rechtsweg gegeben. Artikel 10 Abs. 2 Satz 2 bleibt unberührt.

II. Der Bund und die Länder

Artikel 20

(1) Die Bundesrepublik Deutschland ist ein demokratischer und sozialer Bundesstaat.

(2) Alle Staatsgewalt geht vom Volke aus. Sie wird vom Volke in Wahlen und Abstimmungen und durch besondere Organe der Gesetzgebung, der vollziehenden Gewalt und der Rechtsprechung ausgeübt.

(3) Die Gesetzgebung ist an die verfassungsmäßige Ordnung, die vollziehende Gewalt und die Rechtsprechung sind an Gesetz und Recht gebunden.

(4) Gegen jeden, der es unternimmt, diese Ordnung zu beseitigen, haben alle Deutschen das Recht zum Widerstand, wenn andere Abhilfe nicht möglich ist.

Artikel 21

(1) Die Parteien wirken bei der politischen Willensbildung des Volkes mit. Ihre Gründung ist frei. Ihre innere Ordnung muß demokratischen Grundsätzen entsprechen. Sie müssen über die Herkunft ihrer Mittel öffentlich Rechenschaft geben.

(2) Parteien, die nach ihren Zielen oder nach dem Verhalten ihrer Anhänger darauf ausgehen, die freiheitliche demokratische Grundordnung zu beeinträchtigen oder zu beseitigen oder den Bestand der Bundesrepublik Deutschland zu gefährden, sind verfassungswidrig. Über die Frage der Verfassungswidrigkeit entscheidet das Bundesverfassungsgericht.

(3) Das Nähere regeln Bundesgesetze.

Artikel 28

(1) Die verfassungsmäßige Ordnung in den Ländern muß den Grundsätzen des republikanischen, demokratischen und sozialen Rechtsstaates im Sinne dieses Grundgesetzes entsprechen. In den Ländern, Kreisen und Gemeinden muß das Volk eine Vertretung haben, die aus allgemeinen, unmittelbaren, freien, gleichen und geheimen Wahlen hervor-

gegangen ist. In Gemeinden kann an die Stelle einer gewählten Körperschaft die Gemeindeversammlung treten.

(2) Den Gemeinden muß das Recht gewährleistet sein, alle Angelegenheiten der örtlichen Gemeinschaft im Rahmen der Gesetze in eigener Verantwortung zu regeln. Auch die Gemeindeverbände haben im Rahmen ihres gesetzlichen Aufgabenbereiches nach Maßgabe der Gesetze das Recht der Selbstverwaltung.

(3) Der Bund gewährleistet, daß die verfassungsmäßige Ordnung der Länder den Grundrechten und den Bestimmungen der Absätze 1 und 2 entspricht.

Artikel 30

Die Ausübung der staatlichen Befugnisse und die Erfüllung der staatlichen Aufgaben ist Sache der Länder, soweit dieses Grundgesetz keine andere Regelung trifft oder zuläßt.

Artikel 31

Bundesrecht bricht Landesrecht.

Artikel 33

(1) Jeder Deutsche hat in jedem Lande die gleichen staatsbürgerlichen Rechte und Pflichten.

(2) Jeder Deutsche hat nach seiner Eignung, Befähigung und fachlichen Leistung gleichen Zugang zu jedem öffentlichen Amte.

(3) Der Genuß bürgerlicher und staatsbürgerlicher Rechte, die Zulassung zu öffentlichen Ämtern sowie die im öffentlichen Dienste erworbenen Rechte sind unabhängig von dem religiösen Bekenntnis. Niemandem darf aus seiner Zugehörigkeit oder Nichtzugehörigkeit zu einem Bekenntnisse oder einer Weltanschauung ein Nachteil erwachsen.

(4) Die Ausübung hoheitsrechtlicher Befugnisse ist als ständige Aufgabe in der Regel Angehörigen des öffentlichen Dienstes zu übertragen, die in einem öffentlich-rechtlichen Dienst- und Treueverhältnis stehen.

(5) Das Recht des öffentlichen Dienstes ist unter Berücksichtigung der hergebrachten Grundsätze des Berufsbeamtentums zu regeln.

Artikel 34

Verletzt jemand in Ausübung eines ihm anvertrauten öffentlichen Amtes die ihm einem Dritten gegenüber obliegende Amtspflicht, so trifft die Verantwortlichkeit grundsätzlich den Staat oder die Körperschaft, in deren Dienst er steht. Bei Vorsatz oder grober Fahrlässigkeit bleibt der Rückgriff vorbehalten. Für den Anspruch auf Schadensersatz und für den Rückgriff darf der ordentliche Rechtsweg nicht ausgeschlossen werden.

VII. Die Gesetzgebung des Bundes

Artikel 70

(1) Die Länder haben das Recht der Gesetzgebung, soweit dieses Grundgesetz nicht dem Bunde Gesetzgebungsbefugnisse verleiht.

(2) Die Abgrenzung der Zuständigkeit zwischen Bund und Ländern bemißt sich nach den Vorschriften dieses Grundgesetzes über die ausschließliche und die konkurrierende Gesetzgebung.

Artikel 71

Im Bereiche der ausschließlichen Gesetzgebung des Bundes haben die Länder die Befugnis zur Gesetzgebung nur, wenn und soweit sie hierzu in einem Bundesgesetze ausdrücklich ermächtigt werden.

Artikel 72

(1) Im Bereiche der konkurrierenden Gesetzgebung haben die Länder die Befugnis zur Gesetzgebung, solange und soweit der Bund von seinem Gesetzgebungsrechte keinen Gebrauch macht.

(2) Der Bund hat in diesem Bereiche das Gesetzgebungsrecht, soweit ein Bedürfnis nach bundesgesetzlicher Regelung besteht, weil

1. eine Angelegenheit durch die Gesetzgebung einzelner Länder nicht wirksam geregelt werden kann oder
2. die Regelung einer Angelegenheit durch ein Landesgesetz die Interessen anderer Länder oder der Gesamtheit beeinträchtigen könnte oder
3. die Wahrung der Rechts- oder Wirtschaftseinheit, insbesondere die Wahrung der Einheitlichkeit der Lebensverhältnisse über das Gebiet eines Landes hinaus sie erfordert.

Artikel 73

Der Bund hat die ausschließliche Gesetzgebung über:

1. die auswärtigen Angelegenheiten sowie die Verteidigung einschließlich des Schutzes der Zivilbevölkerung;
2. die Staatsangehörigkeit im Bunde;
3. die Freizügigkeit, das Paßwesen, die Ein- und Auswanderung und die Auslieferung;
4. das Währungs-, Geld- und Münzwesen, Maße und Gewichte sowie die Zeitbestimmung;
5. die Einheit des Zoll- und Handelsgebietes, die Handels- und Schiffahrtsverträge, die Freizügigkeit des Warenverkehrs und den Waren- und Zahlungsverkehr mit dem Auslande einschließlich des Zoll- und Grenzschutzes;
6. die Bundeseisenbahnen und den Luftverkehr;
7. das Post- und Fernmeldewesen;
8. die Rechtsverhältnisse der im Dienste des Bundes und der bundesunmittelbaren Körperschaften des öffentlichen Rechtes stehenden Personen;
9. den gewerblichen Rechtsschutz, das Urheberrecht und das Verlagsrecht;
10. die Zusammenarbeit des Bundes und der Länder in der Kriminalpolizei und in Angelegenheiten des Verfassungsschutzes, die Einrichtung eines Bundeskriminalpolizeiamtes sowie die internationale Verbrechensbekämpfung;
11. die Statistik für Bundeszwecke.

Artikel 74

Die konkurrierende Gesetzgebung erstreckt sich auf folgende Gebiete:

1. das bürgerliche Recht, das Strafrecht und den Strafvollzug, die Gerichtsverfassung, das gerichtliche Verfahren, die Rechtsanwaltschaft, das Notariat und die Rechtsberatung;
2. das Personenstandswesen;
3. das Vereins- und Versammlungsrecht;
4. das Aufenthalts- und Niederlassungsrecht der Ausländer;
5. den Schutz deutschen Kulturgutes gegen Abwanderung in das Ausland;
6. die Angelegenheiten der Flüchtlinge und Vertriebenen;
7. die öffentliche Fürsorge;
8. die Staatsangehörigkeit in den Ländern;
9. die Kriegsschäden und die Wiedergutmachung;
10. die Versorgung der Kriegsbeschädigten und Kriegshinterbliebenen und die Fürsorge für die ehemaligen Kriegsgefangenen;

10a. die Kriegsgräber und Gräber anderer Opfer des Krieges und Opfer von Gewaltherrschaft;

11. das Recht der Wirtschaft (Bergbau, Industrie, Energiewirtschaft, Handwerk, Gewerbe, Handel, Bank- und Börsenwesen, privatrechtliches Versicherungswesen);

11a. die Erzeugung und Nutzung der Kernenergie zu friedlichen Zwecken, die Errichtung und den Betrieb von Anlagen, die diesen Zwecken dienen, den Schutz gegen Gefahren, die bei Freiwerden von Kernenergie oder durch ionisierende Strahlen entstehen, und die Beseitigung radioaktiver Stoffe;

12. das Arbeitsrecht einschließlich der Betriebsverfassung, des Arbeitsschutzes und der Arbeitsvermittlung sowie die Sozialversicherung einschließlich der Arbeitslosenversicherung;
13. die Regelung der Ausbildungsbeihilfen und die Förderung der wissenschaftlichen Forschung;
14. das Recht der Enteignung, soweit sie auf den Sachgebieten der Artikel 73 und 74 in Betracht kommt;
15. die Überführung von Grund und Boden, von Naturschätzen und Produktionsmitteln in Gemeineigentum oder in andere Formen der Gemeinwirtschaft;
16. die Verhütung des Mißbrauchs wirtschaftlicher Machtstellung;
17. die Förderung der land- und forstwirtschaftlichen Erzeugung, die Sicherung der Ernährung, die Ein- und Ausfuhr land- und forstwirtschaftlicher Erzeugnisse, die Hochsee- und Küstenfischerei und den Küstenschutz;
18. den Grundstücksverkehr, das Bodenrecht und das landwirtschaftliche Pachtwesen, das Wohnungswesen, das Siedlungs- und Heimstättenwesen;

Artikel 75

(1) Der Bund hat das Recht, unter den Voraussetzungen des Artikels 72 Rahmenvorschriften zu erlassen über:

1. die Rechtsverhältnisse der im öffentlichen Dienste der Länder, Gemeinden und anderen Körperschaften des öffentlichen Rechtes stehenden Personen;

1a. die allgemeinen Grundsätze des Hochschulwesens;

2. die allgemeinen Rechtsverhältnisse der Presse und des Films;
3. das Jagdwesen, den Naturschutz und die Landschaftspflege;
4. die Bodenverteilung, die Raumordnung und den Wasserhaushalt;
5. das Melde- und Ausweiswesen.

(2) Rahmenvorschriften nach Absatz 1 Nr. 1 können mit Zustimmung des Bundesrates auch einheitliche Maßstäbe für den Aufbau und die Bemessung der Besoldung einschließlich der Bewertung der Ämter sowie Mindest- und Höchstbeträge vorsehen. Der Zustimmung des Bundesrates bedürfen auch Gesetze nach Artikel 73 Nr. 8, die von den nach Satz 1 getroffenen Regelungen abweichen.

(3) Absatz 2 gilt für Rahmenvorschriften nach Artikel 98 Abs. 3 Satz 2 und Gesetze nach Artikel 98 Abs. 1 entsprechend.

Artikel 76

(1) Gesetzesvorlagen werden beim Bundestage durch die Bundesregierung, aus der Mitte des Bundestages oder durch den Bundesrat eingebracht.

(2) Vorlagen der Bundesregierung sind zunächst dem Bundesrate zuzuleiten. Der Bundesrat ist berechtigt, innerhalb von sechs Wochen zu diesen Vorlagen Stellung zu nehmen. Die Bundesregierung kann eine Vorlage, die sie bei der Zuleitung an den Bundesrat ausnahmsweise als besonders eilbedürftig bezeichnet hat, nach drei Wochen dem Bundestage zuleiten, auch wenn die Stellungnahme des Bundesrates noch nicht bei ihr eingegangen ist; sie hat die Stellungnahme des Bundesrates unverzüglich nach Eingang dem Bundestage nachzureichen.

(3) Vorlagen des Bundesrates sind dem Bundestage durch die Bundesregierung innerhalb von drei Monaten zuzuleiten. Sie hat hierbei ihre Auffassung darzulegen.

Artikel 77

(1) Die Bundesgesetze werden vom Bundestage beschlossen. Sie sind nach ihrer Annahme durch den Präsidenten des Bundestages unverzüglich dem Bundesrate zuzuleiten.

(2) Der Bundesrat kann binnen drei Wochen nach Eingang des Gesetzesbeschlusses verlangen, daß ein aus Mitgliedern des Bundestages und des Bundesrates für die gemeinsame Beratung von Vorlagen gebildeter Ausschuß einberufen wird. Die Zusammensetzung und das Verfahren dieses Ausschusses regelt eine Geschäftsordnung, die vom Bundestag beschlossen wird und der Zustimmung des Bundesrates bedarf. Die in diesen Ausschuß entsandten Mitglieder des Bundesrates sind nicht an Weisungen gebunden. Ist zu einem Gesetze die Zustimmung des Bundesrates erforderlich, so können auch der Bundestag und die Bundesregierung die Einberufung verlangen. Schlägt der Ausschuß eine Änderung

des Gesetzesbeschlusses vor, so hat der Bundestag erneut Beschluß zu fassen.

(3) Soweit zu einem Gesetze die Zustimmung des Bundesrates nicht erforderlich ist, kann der Bundesrat, wenn das Verfahren nach Absatz 2 beendigt ist, gegen ein vom Bundestage beschlossenes Gesetz binnen zwei Wochen Einspruch einlegen. Die Einspruchsfrist beginnt im Falle des Absatzes 2 letzter Satz mit dem Eingange des vom Bundestage erneut gefaßten Beschlusses, in allen anderen Fällen mit dem Eingange der Mitteilung des Vorsitzenden des in Absatz 2 vorgesehenen Ausschusses, daß das Verfahren vor dem Ausschusse abgeschlossen ist.

(4) Wird der Einspruch mit der Mehrheit der Stimmen des Bundesrates beschlossen, so kann er durch Beschluß der Mehrheit der Mitglieder des Bundestages zurückgewiesen werden. Hat der Bundesrat den Einspruch mit einer Mehrheit von mindestens zwei Dritteln seiner Stimmen beschlossen, so bedarf die Zurückweisung durch den Bundestag einer Mehrheit von zwei Dritteln, mindestens der Mehrheit der Mitglieder des Bundestages.

Artikel 78

Ein vom Bundestage beschlossenes Gesetz kommt zustande, wenn der Bundesrat zustimmt, den Antrag gemäß Artikel 77 Abs. 2 nicht stellt, innerhalb der Frist des Artikels 77 Abs. 3 keinen Einspruch einlegt oder ihn zurücknimmt oder wenn der Einspruch vom Bundestage überstimmt wird.

Artikel 79

(1) Das Grundgesetz kann nur durch ein Gesetz geändert werden, das den Wortlaut des Grundgesetzes ausdrücklich ändert oder ergänzt. Bei völkerrechtlichen Verträgen, die eine Friedensregelung, die Vorbereitung einer Friedensregelung oder den Abbau einer besatzungsrechtlichen Ordnung zum Gegenstand haben oder der Verteidigung der Bundesrepublik zu dienen bestimmt sind, genügt zur Klarstellung, daß die Bestimmungen des Grundgesetzes dem Abschluß und dem Inkraftsetzen der Verträge nicht entgegenstehen, eine Ergänzung des Wortlautes des Grundgesetzes, die sich auf diese Klarstellung beschränkt.

(2) Ein solches Gesetz bedarf der Zustimmung von zwei Dritteln der Mitglieder des Bundestages und zwei Dritteln der Stimmen des Bundesrates.

(3) Eine Änderung dieses Grundgesetzes, durch welche die Gliederung des Bundes in Länder, die grundsätzliche Mitwirkung der Länder bei der Gesetzgebung oder die in den Artikeln 1 und 20 niedergelegten Grundsätze berührt werden, ist unzulässig.

Artikel 80

(1) Durch Gesetz können die Bundesregierung, ein Bundesminister oder die Landesregierungen ermächtigt werden, Rechtsverordnungen zu erlassen. Dabei müssen Inhalt, Zweck und Ausmaß der erteilten Ermächtigung im Gesetze bestimmt werden. Die Rechtsgrundlage ist in der Verordnung anzugeben. Ist durch Gesetz vorgesehen, daß eine Ermächtigung weiter übertragen werden kann, so bedarf es zur Übertragung der Ermächtigung einer Rechtsverordnung.

(2) Der Zustimmung des Bundesrates bedürfen, vorbehaltlich anderweitiger bundesgesetzlicher Regelung, Rechtsverordnungen der Bundesregierung oder eines Bundesministers über Grundsätze und Gebühren für die Benutzung der Einrichtungen der Bundeseisenbahnen und des Post- und Fernmeldewesens, über den Bau und Betrieb der Eisenbahnen, sowie Rechtsverordnungen auf Grund von Bundesgesetzen, die der Zustimmung des Bundesrates bedürfen oder die von den Ländern im Auftrage des Bundes oder als eigene Angelegenheit ausgeführt werden.

Artikel 82

(1) Die nach den Vorschriften dieses Grundgesetzes zustande gekommenen Gesetze werden vom Bundespräsidenten nach Gegenzeichnung ausgefertigt und im Bundesgesetzblatte verkündet. Rechtsverordnungen werden von der Stelle, die sie erläßt, ausgefertigt und vorbehaltlich anderweitiger gesetzlicher Regelung im Bundesgesetzblatte verkündet.

(2) Jedes Gesetz und jede Rechtsverordnung soll den Tag des Inkrafttretens bestimmen. Fehlt eine solche Bestimmung, so treten sie mit dem vierzehnten Tage nach Ablauf des Tages in Kraft, an dem das Bundesgesetzblatt ausgegeben worden ist.

VIII. Die Ausführung der Bundesgesetze und die Bundesverwaltung

Artikel 83

Die Länder führen die Bundesgesetze als eigene Angelegenheit aus, soweit dieses Grundgesetz nicht anderes bestimmt oder zuläßt.

Artikel 84

(1) Führen die Länder die Bundesgesetze als eigene Angelegenheit aus, so regeln sie die Einrichtung der Behörden und das Verwaltungsverfahren, soweit nicht Bundesgesetze mit Zustimmung des Bundesrates etwas anderes bestimmen.

(2) Die Bundesregierung kann mit Zustimmung des Bundesrates allgemeine Verwaltungsvorschriften erlassen.

(3) Die Bundesregierung übt die Aufsicht darüber aus, daß die Länder die Bundesgesetze dem geltenden Rechte gemäß ausführen. Die Bundesregierung kann zu diesem Zwecke Beauftragte zu den obersten Landesbehörden entsenden, mit deren Zustimmung und, falls diese Zustimmung versagt wird, mit Zustimmung des Bundesrates auch zu den nachgeordneten Behörden.

(4) Werden Mängel, die die Bundesregierung bei der Ausführung der Bundesgesetze in den Ländern festgestellt hat, nicht beseitigt, so beschließt auf Antrag der Bundesregierung oder des Landes der Bundesrat, ob das Land das Recht verletzt hat. Gegen den Beschluß des Bundesrates kann das Bundesverfassungsgericht angerufen werden.

(5) Der Bundesregierung kann durch Bundesgesetz, das der Zustimmung des Bundesrates bedarf, zur Ausführung von Bundesgesetzen die Befugnis verliehen werden, für besondere Fälle Einzelweisungen zu erteilen. Sie sind, außer wenn die Bundesregierung den Fall für dringlich erachtet, an die obersten Landesbehörden zu richten.

Artikel 85

(1) Führen die Länder die Bundesgesetze im Auftrage des Bundes aus, so bleibt die Einrichtung der Behörden Angelegenheit der Länder, soweit nicht Bundesgesetze mit Zustimmung des Bundesrates etwas anderes bestimmen.

(2) Die Bundesregierung kann mit Zustimmung des Bundesrates allgemeine Verwaltungsvorschriften erlassen. Sie kann die einheitliche Ausbildung der Beamten und Angestellten regeln. Die Leiter der Mittelbehörden sind mit ihrem Einvernehmen zu bestellen.

(3) Die Landesbehörden unterstehen den Weisungen der zuständigen obersten Bundesbehörden. Die Weisungen sind, außer wenn die Bundesregierung es für dringlich erachtet, an die obersten Landesbehörden zu richten. Der Vollzug der Weisung ist durch die obersten Landesbehörden sicherzustellen.

(4) Die Bundesaufsicht erstreckt sich auf Gesetzmäßigkeit und Zweckmäßigkeit der Ausführung. Die Bundesregierung kann zu diesem Zwecke Bericht und Vorlage der Akten verlangen und Beauftragte zu allen Behörden entsenden.

Artikel 86

Führt der Bund die Gesetze durch bundeseigene Verwaltung oder durch bundesunmittelbare Körperschaften oder Anstalten des öffentlichen Rechtes aus, so erläßt die Bundesregierung, soweit nicht das Gesetz Besonderes vorschreibt, die allgemeinen Verwaltungsvorschriften. Sie regelt, soweit das Gesetz nichts anderes bestimmt, die Einrichtung der Behörden.

IX. Die Rechtsprechung

Artikel 92

Die rechtsprechende Gewalt ist den Richtern anvertraut; sie wird durch das Bundesverfassungsgericht, durch die in diesem Grundgesetze vorgesehenen Bundesgerichte und durch die Gerichte der Länder ausgeübt.

Artikel 93

(1) Das Bundesverfassungsgericht entscheidet:

1. über die Auslegung dieses Grundgesetzes aus Anlaß von Streitigkeiten über den Umfang der Rechte und Pflichten eines obersten Bundesorgans oder anderer Beteiligter, die durch dieses Grundgesetz oder in der Geschäftsordnung eines obersten Bundesorgans mit eigenen Rechten ausgestattet sind;
2. bei Meinungsverschiedenheiten oder Zweifeln über die förmliche und sachliche Vereinbarkeit von Bundesrecht oder Landesrecht mit diesem Grundgesetze oder die Vereinbarkeit von Landesrecht mit sonstigem Bundesrechte auf Antrag der Bundesregierung, einer Landesregierung oder eines Drittels der Mitglieder des Bundestages;
3. bei Meinungsverschiedenheiten über Rechte und Pflichten des Bundes und der Länder, insbesondere bei der Ausführung von Bundesrecht durch die Länder und bei der Ausübung der Bundesaufsicht;
4. in anderen öffentlich-rechtlichen Streitigkeiten zwischen dem Bunde und den Ländern, zwischen verschiedenen Ländern oder innerhalb eines Landes, soweit nicht ein anderer Rechtsweg gegeben ist;

4a. über Verfassungsbeschwerden, die von jedermann mit der Behauptung erhoben werden können, durch die öffentliche Gewalt in einem seiner Grundrechte oder in einem seiner in Artikel 20 Abs. 4, 33, 38, 101, 103 und 104 enthaltenen Rechte verletzt zu sein;

4b. über Verfassungsbeschwerden von Gemeinden und Gemeindeverbänden wegen Verletzung des Rechts auf Selbstverwaltung nach Artikel 28 durch ein Gesetz, bei Landesgesetzen jedoch nur, soweit nicht Beschwerde beim Landesverfassungsgericht erhoben werden kann;

5. in den übrigen in diesem Grundgesetze vorgesehenen Fällen.

(2) Das Bundesverfassungsgericht wird ferner in den ihm sonst durch Bundesgesetz zugewiesenen Fällen tätig.

Artikel 100

(1) Hält ein Gericht ein Gesetz, auf dessen Gültigkeit es bei der Entscheidung ankommt, für verfassungswidrig, so ist das Verfahren auszusetzen und, wenn es sich um die Verletzung der Verfassung eines Landes handelt, die Entscheidung des für Verfassungsstreitigkeiten zuständigen Gerichtes des Landes, wenn es sich um die Verletzung dieses Grundgesetzes handelt, die Entscheidung des Bundesverfassungsgerichtes einzuholen. Dies gilt auch, wenn es sich um die Verletzung dieses Grundgesetzes durch Landesrecht oder um die Unvereinbarkeit eines Landesgesetzes mit einem Bundesgesetze handelt.

(2) Ist in einem Rechtsstreite zweifelhaft, ob eine Regel des Völkerrechtes Bestandteil des Bundesrechtes ist und ob sie unmittelbar Rechte und Pflichten für den einzelnen erzeugt (Artikel 25), so hat das Gericht die Entscheidung des Bundesverfassungsgerichtes einzuholen.

(3) Will das Verfassungsgericht eines Landes bei der Auslegung des Grundgesetzes von einer Entscheidung des Bundesverfassungsgerichtes oder des Verfassungsgerichtes eines anderen Landes abweichen, so hat das Verfassungsgericht die Entscheidung des Bundesverfassungsgerichtes einzuholen.

Artikel 123

(1) Recht aus der Zeit vor dem Zusammentritt des Bundestages gilt fort, soweit es dem Grundgesetze nicht widerspricht.

Verwaltungsverfahrensgesetz (VwVfG)

Vom 25. Mai 1976

Teil III
Verwaltungsakt

Abschnitt 1
Zustandekommen des Verwaltungsaktes

§ 35
Begriff des Verwaltungsaktes

Verwaltungsakt ist jede Verfügung, Entscheidung oder andere hoheitliche Maßnahme, die eine Behörde zur Regelung eines Einzelfalles auf dem Gebiet des öffentlichen Rechts trifft und die auf unmittelbare Rechtswirkung nach außen gerichtet ist. Allgemeinverfügung ist ein Verwaltungsakt, der sich an einen nach allgemeinen Merkmalen bestimmten oder bestimmbaren Personenkreis richtet oder die öffentlich-rechtliche Eigenschaft einer Sache oder ihre Benutzung durch die Allgemeinheit betrifft.

§ 36
Nebenbestimmungen zum Verwaltungsakt

(1) Ein Verwaltungsakt, auf den ein Anspruch besteht, darf mit einer Nebenbestimmung nur versehen werden, wenn sie durch Rechtsvorschrift zugelassen ist oder wenn sie sicherstellen soll, daß die gesetzlichen Voraussetzungen des Verwaltungsaktes erfüllt werden.

(2) Unbeschadet des Absatzes 1 darf ein Verwaltungsakt nach pflichtgemäßem Ermessen erlassen werden mit

1. einer Bestimmung, nach der eine Vergünstigung oder Belastung zu einem bestimmten Zeitpunkt beginnt, endet oder für einen bestimmten Zeitraum gilt (Befristung);
2. einer Bestimmung, nach der der Eintritt oder der Wegfall einer Vergünstigung oder einer Belastung von dem ungewissen Eintritt eines zukünftigen Ereignisses abhängt (Bedingung);
3. einem Vorbehalt des Widerrufs

oder verbunden werden mit

4. einer Bestimmung, durch die dem Begünstigten ein Tun, Dulden oder Unterlassen vorgeschrieben wird (Auflage);
5. einem Vorbehalt der nachträglichen Aufnahme, Änderung oder Ergänzung einer Auflage.

(3) Eine Nebenbestimmung darf dem Zweck des Verwaltungsaktes nicht zuwiderlaufen.

§ 37
Bestimmtheit und Form des Verwaltungsaktes

(1) Ein Verwaltungsakt muß inhaltlich hinreichend bestimmt sein.

(2) Ein Verwaltungsakt kann schriftlich, mündlich oder in anderer Weise erlassen werden. Ein mündlicher Verwaltungsakt ist schriftlich zu bestätigen, wenn hieran ein berechtigtes Interesse besteht und der Betroffene dies unverzüglich verlangt.

(3) Ein schriftlicher Verwaltungsakt muß die erlassende Behörde erkennen lassen und die Unterschrift oder die Namenswiedergabe des Behördenleiters, seines Vertreters oder seines Beauftragten enthalten.

(4) Bei einem schriftlichen Verwaltungsakt, der mit Hilfe automatischer Einrichtungen erlassen wird, können abweichend von Absatz 3 Unterschrift und Namenswiedergabe fehlen. Zur Inhaltsangabe können Schlüsselzeichen verwendet werden, wenn derjenige, für den der Verwaltungsakt bestimmt ist oder der von ihm betroffen wird, auf Grund der dazu gegebenen Erläuterungen den Inhalt des Verwaltungsaktes eindeutig erkennen kann.

§ 38
Zusicherung

(1) Eine von der zuständigen Behörde erteilte Zusage, einen bestimmten Verwaltungsakt später zu erlassen oder zu unterlassen (Zusicherung), bedarf zu ihrer Wirksamkeit der schriftlichen Form. Ist vor dem Erlaß des zugesicherten Verwaltungsaktes die Anhörung Beteiligter oder die Mitwirkung einer anderen Behörde oder eines Ausschusses auf Grund einer Rechtsvorschrift erforderlich, so darf die Zusicherung erst nach Anhörung der Beteiligten oder nach Mitwirkung dieser Behörde oder des Ausschusses gegeben werden.

(2) Auf die Unwirksamkeit der Zusicherung finden, unbeschadet des Absatzes 1 Satz 1, § 44, auf die Heilung von Mängeln bei der Anhörung Beteiligter und der Mitwirkung anderer Behörden oder Ausschüsse § 45 Abs. 1 Nr. 3 bis 5 sowie Abs. 2, auf die Rücknahme § 48, auf den Widerruf, unbeschadet des Absatzes 3, § 49 entsprechende Anwendung.

(3) Ändert sich nach Abgabe der Zusicherung die Sach- oder Rechtslage derart, daß die Behörde bei Kenntnis der nachträglich eingetretenen Änderung die Zusicherung nicht gegeben hätte oder aus rechtlichen Gründen nicht hätte geben dürfen, ist die Behörde an die Zusicherung nicht mehr gebunden.

§ 39
Begründung des Verwaltungsaktes

(1) Ein schriftlicher oder schriftlich bestätigter Verwaltungsakt ist schriftlich zu begründen. In der Begründung sind die wesentlichen tatsächlichen und rechtlichen Gründe mitzuteilen, die die Behörde zu ihrer Entscheidung bewogen haben. Die Begründung von Ermessensentscheidungen soll auch die Gesichtspunkte erkennen lassen, von denen die Behörde bei der Ausübung ihres Ermessens ausgegangen ist.

(2) Einer Begründung bedarf es nicht,

1. soweit die Behörde einem Antrag entspricht oder

einer Erklärung folgt und der Verwaltungsakt nicht in Rechte eines anderen eingreift;

2. soweit demjenigen, für den der Verwaltungsakt bestimmt ist oder der von ihm betroffen wird, die Auffassung der Behörde über die Sach- und Rechtslage bereits bekannt oder auch ohne schriftliche Begründung für ihn ohne weiteres erkennbar ist;
3. wenn die Behörde gleichartige Verwaltungsakte in größerer Zahl oder Verwaltungsakte mit Hilfe automatischer Einrichtungen erläßt und die Begründung nach den Umständen des Einzelfalles nicht geboten ist;
4. wenn sich dies aus einer Rechtsvorschrift ergibt;
5. wenn eine Allgemeinverfügung öffentlich bekanntgegeben wird.

§ 40

Ermessen

Ist die Behörde ermächtigt, nach ihrem Ermessen zu handeln, hat sie ihr Ermessen entsprechend dem Zweck der Ermächtigung auszuüben und die gesetzlichen Grenzen des Ermessens einzuhalten.

§ 41

Bekanntgabe des Verwaltungsaktes

(1) Ein Verwaltungsakt ist demjenigen Beteiligten bekanntzugeben, für den er bestimmt ist oder der von ihm betroffen wird. Ist ein Bevollmächtigter bestellt, so kann die Bekanntgabe ihm gegenüber vorgenommen werden.

(2) Ein schriftlicher Verwaltungsakt, der durch die Post im Geltungsbereich dieses Gesetzes übermittelt wird, gilt mit dem dritten Tage nach der Aufgabe zur Post als bekanntgegeben, außer wenn er nicht oder zu einem späteren Zeitpunkt zugegangen ist; im Zweifel hat die Behörde den Zugang des Verwaltungsaktes und den Zeitpunkt des Zugangs nachzuweisen.

(3) Ein Verwaltungsakt darf öffentlich bekanntgegeben werden, wenn dies durch Rechtsvorschrift zugelassen ist. Eine Allgemeinverfügung darf auch dann öffentlich bekanntgegeben werden, wenn eine Bekanntgabe an die Beteiligten untunlich ist.

(4) Die öffentliche Bekanntgabe eines schriftlichen Verwaltungsaktes wird dadurch bewirkt, daß sein verfügender Teil ortsüblich bekanntgemacht wird. In der ortsüblichen Bekanntmachung ist anzugeben, wo der Verwaltungsakt und seine Begründung eingesehen werden können. Der Verwaltungsakt gilt zwei Wochen nach der ortsüblichen Bekanntmachung als bekanntgegeben. In einer Allgemeinverfügung kann ein hiervon abweichender Tag, jedoch frühestens der auf die Bekanntmachung folgende Tag bestimmt werden.

(5) Vorschriften über die Bekanntgabe eines Verwaltungsaktes mittels Zustellung bleiben unberührt.

§ 42

Offenbare Unrichtigkeiten im Verwaltungsakt

Die Behörde kann Schreibfehler, Rechenfehler und ähnliche offenbare Unrichtigkeiten in einem Verwaltungsakt jederzeit berichtigen. Bei berechtigtem Interesse des Beteiligten ist zu berichtigen. Die Behörde ist berechtigt, die Vorlage des Schriftstückes zu verlangen, das berichtigt werden soll.

Abschnitt 2

Bestandskraft des Verwaltungsaktes

§ 43

Wirksamkeit des Verwaltungsaktes

(1) Ein Verwaltungsakt wird gegenüber demjenigen, für den er bestimmt ist oder der von ihm betroffen wird, in dem Zeitpunkt wirksam, in dem er ihm bekanntgegeben wird. Der Verwaltungsakt wird mit dem Inhalt wirksam, mit dem er bekanntgegeben wird.

(2) Ein Verwaltungsakt bleibt wirksam, solange und soweit er nicht zurückgenommen, widerrufen, anderweitig aufgehoben oder durch Zeitablauf oder auf andere Weise erledigt ist.

(3) Ein nichtiger Verwaltungsakt ist unwirksam.

§ 44

Nichtigkeit des Verwaltungsaktes

(1) Ein Verwaltungsakt ist nichtig, soweit er an einem besonders schwerwiegenden Fehler leidet und dies bei verständiger Würdigung aller in Betracht kommenden Umstände offenkundig ist.

(2) Ohne Rücksicht auf das Vorliegen der Voraussetzungen des Absatzes 1 ist ein Verwaltungsakt nichtig,

1. der schriftlich erlassen worden ist, die erlassende Behörde aber nicht erkennen läßt;
2. der nach einer Rechtsvorschrift nur durch die Aushändigung einer Urkunde erlassen werden kann, aber dieser Form nicht genügt;
3. den eine Behörde außerhalb ihrer durch § 3 Abs. 1 Nr. 1 begründeten Zuständigkeit erlassen hat, ohne dazu ermächtigt zu sein;
4. den aus tatsächlichen Gründen niemand ausführen kann;
5. der die Begehung einer rechtswidrigen Tat verlangt, die einen Straf- oder Bußgeldtatbestand verwirklicht;
6. der gegen die guten Sitten verstößt.

(3) Ein Verwaltungsakt ist nicht schon deshalb nichtig, weil

1. Vorschriften über die örtliche Zuständigkeit nicht eingehalten worden sind, außer wenn ein Fall des Absatzes 2 Nr. 3 vorliegt;
2. eine nach § 20 Abs. 1 Satz 1 Nr. 2 bis 6 ausgeschlossene Person mitgewirkt hat;
3. ein durch Rechtsvorschrift zur Mitwirkung berufener Ausschuß den für den Erlaß des Verwaltungsaktes vorgeschriebenen Beschluß nicht gefaßt hat oder nicht beschlußfähig war;
4. die nach einer Rechtsvorschrift erforderliche Mitwirkung einer anderen Behörde unterblieben ist.

(4) Betrifft die Nichtigkeit nur einen Teil des Verwaltungsaktes, so ist er im ganzen nichtig, wenn der nichtige Teil so wesentlich ist, daß die Behörde den Verwaltungsakt ohne den nichtigen Teil nicht erlassen hätte.

(5) Die Behörde kann die Nichtigkeit jederzeit von Amts wegen feststellen; auf Antrag ist sie festzustellen, wenn der Antragsteller hieran ein berechtigtes Interesse hat.

§ 45

Heilung von Verfahrens- und Formfehlern

(1) Eine Verletzung von Verfahrens- oder Formvorschriften, die nicht den Verwaltungsakt nach § 44 nichtig macht, ist unbeachtlich, wenn

1. der für den Erlaß des Verwaltungsaktes erforderliche Antrag nachträglich gestellt wird;
2. die erforderliche Begründung nachträglich gegeben wird;
3. die erforderliche Anhörung eines Beteiligten nachgeholt wird;
4. der Beschluß eines Ausschusses, dessen Mitwirkung für den Erlaß des Verwaltungsaktes erforderlich ist, nachträglich gefaßt wird;
5. die erforderliche Mitwirkung einer anderen Behörde nachgeholt wird.

(2) Handlungen des Absatzes 1 Nr. 2 bis 5 dürfen nur bis zum Abschluß eines Vorverfahrens oder, falls ein Vorverfahren nicht stattfindet, bis zur Erhebung der verwaltungsgerichtlichen Klage nachgeholt werden.

(3) Fehlt einem Verwaltungsakt die erforderliche Begründung oder ist die erforderliche Anhörung eines Beteiligten vor Erlaß des Verwaltungsaktes unterblieben und ist dadurch die rechtzeitige Anfechtung des Verwaltungsaktes versäumt worden, so gilt die Versäumung der Rechtsbehelfsfrist als nicht verschuldet. Das für die Wiedereinsetzungsfrist nach § 32 Abs. 2 maßgebende Ereignis tritt im Zeitpunkt der Nachholung der unterlassenen Verfahrenshandlung ein.

§ 46

Folgen von Verfahrens- und Formfehlern

Die Aufhebung eines Verwaltungsaktes, der nicht nach § 44 nichtig ist, kann nicht allein deshalb beansprucht werden, weil er unter Verletzung von Vorschriften über das Verfahren, die Form oder die örtliche Zuständigkeit zustande gekommen ist, wenn keine andere Entscheidung in der Sache hätte getroffen werden können.

§ 47

Umdeutung eines fehlerhaften Verwaltungsaktes

(1) Ein fehlerhafter Verwaltungsakt kann in einen anderen Verwaltungsakt umgedeutet werden, wenn er auf das gleiche Ziel gerichtet ist, von der erlassenden Behörde in der geschehenen Verfahrensweise und Form rechtmäßig hätte erlassen werden können und wenn die Voraussetzungen für dessen Erlaß erfüllt sind.

(2) Absatz 1 gilt nicht, wenn der Verwaltungsakt, in den der fehlerhafte Verwaltungsakt umzudeuten wäre, der erkennbaren Absicht der erlassenden Behörde widerspräche oder seine Rechtsfolgen für den Betroffenen ungünstiger wären als die des fehlerhaften Verwaltungsaktes. Eine Umdeutung ist ferner unzulässig, wenn der fehlerhafte Verwaltungsakt nicht zurückgenommen werden dürfte.

(3) Eine Entscheidung, die nur als gesetzlich gebundene Entscheidung ergehen kann, kann nicht in eine Ermessensentscheidung umgedeutet werden.

(4) § 28 ist entsprechend anzuwenden.

§ 48

Rücknahme eines rechtswidrigen Verwaltungsaktes

(1) Ein rechtswidriger Verwaltungsakt kann, auch nachdem er unanfechtbar geworden ist, ganz oder teilweise mit Wirkung für die Zukunft oder für die Vergangenheit zurückgenommen werden. Ein Verwaltungsakt, der ein Recht oder einen rechtlich erheblichen Vorteil begründet oder bestätigt hat (begünstigender Verwaltungsakt), darf nur unter den Einschränkungen der Absätze 2 bis 4 zurückgenommen werden.

(2) Ein rechtswidriger Verwaltungsakt, der eine einmalige oder laufende Geldleistung oder teilbare Sachleistung gewährt oder hierfür Voraussetzung ist, darf nicht zurückgenommen werden, soweit der Begünstigte auf den Bestand des Verwaltungsaktes vertraut hat und sein Vertrauen unter Abwägung mit dem öffentlichen Interesse an einer Rücknahme schutzwürdig ist. Das Vertrauen ist in der Regel schutzwürdig, wenn der Begünstigte gewährte Leistungen verbraucht oder eine Vermögensdisposition getroffen hat, die er nicht mehr oder nur unter unzumutbaren Nachteilen rückgängig machen kann. Auf Vertrauen kann sich der Begünstigte nicht berufen, wenn er

1. den Verwaltungsakt durch arglistige Täuschung, Drohung oder Bestechung erwirkt hat;
2. den Verwaltungsakt durch Angaben erwirkt hat, die in wesentlicher Beziehung unrichtig oder unvollständig waren;
3. die Rechtswidrigkeit des Verwaltungsaktes kannte oder infolge grober Fahrlässigkeit nicht kannte.

In den Fällen des Satzes 3 wird der Verwaltungsakt in der Regel mit Wirkung für die Vergangenheit zurückgenommen. Soweit der Verwaltungsakt zurückgenommen worden ist, sind bereits gewährte Leistungen zu erstatten. Für den Umfang der Erstattung gelten die Vorschriften des Bürgerlichen Gesetzbuches über die Herausgabe einer ungerechtfertigten Bereicherung entsprechend. Auf den Wegfall der Bereicherung kann sich der Erstattungspflichtige bei Vorliegen der Voraussetzungen des Satzes 3 nicht berufen, soweit er die Umstände kannte oder infolge grober Fahrlässigkeit nicht kannte, die die Rechtswidrigkeit des Verwaltungsaktes begründet haben. Die zu erstattende Leistung soll durch die Behörde zugleich mit der Rücknahme des Verwaltungsaktes festgesetzt werden.

(3) Wird ein rechtswidriger Verwaltungsakt, der nicht unter Absatz 2 fällt, zurückgenommen, so hat die Behörde dem Betroffenen auf Antrag den Vermögensnachteil auszugleichen, den dieser dadurch erleidet, daß er auf den Bestand des Verwaltungsaktes vertraut hat, soweit sein Vertrauen unter Abwägung mit dem öffentlichen Interesse schutzwürdig ist. Absatz 2 Satz 3 ist anzuwenden. Der Vermögensnachteil ist jedoch nicht über den Betrag des Interesses hinaus zu ersetzen, das der Betroffene an dem Bestand des Verwaltungsaktes hat. Der auszugleichende Vermögensnachteil wird durch die Behörde festgesetzt. Der Anspruch kann nur innerhalb eines Jahres geltend gemacht werden; die Frist beginnt, sobald die Behörde den Betroffenen auf sie hingewiesen hat.

(4) Erhält die Behörde von Tatsachen Kenntnis, welche die Rücknahme eines rechtswidrigen Ver-

waltungsaktes rechtfertigen, so ist die Rücknahme nur innerhalb eines Jahres seit dem Zeitpunkt der Kenntnisnahme zulässig. Dies gilt nicht im Falle des Absatzes 2 Satz 3 Nr. 1.

(5) Über die Rücknahme entscheidet nach Unanfechtbarkeit des Verwaltungsaktes die nach § 3 zuständige Behörde; dies gilt auch dann, wenn der zurückzunehmende Verwaltungsakt von einer anderen Behörde erlassen worden ist.

(6) Für Streitigkeiten über die nach Absatz 2 zu erstattende Leistung und den nach Absatz 3 auszugleichenden Vermögensnachteil ist der Verwaltungsrechtsweg gegeben, sofern nicht eine Entschädigung wegen enteignungsgleichen Eingriffs in Betracht kommt.

§ 49

Widerruf eines rechtmäßigen Verwaltungsaktes

(1) Ein rechtmäßiger nicht begünstigender Verwaltungsakt kann, auch nachdem er unanfechtbar geworden ist, ganz oder teilweise mit Wirkung für die Zukunft widerrufen werden, außer wenn ein Verwaltungsakt gleichen Inhalts erneut erlassen werden müßte oder aus anderen Gründen ein Widerruf unzulässig ist.

(2) Ein rechtmäßiger begünstigender Verwaltungsakt darf, auch nachdem er unanfechtbar geworden ist, ganz oder teilweise mit Wirkung für die Zukunft nur widerrufen werden,

1. wenn der Widerruf durch Rechtsvorschrift zugelassen oder im Verwaltungsakt vorbehalten ist;
2. wenn mit dem Verwaltungsakt eine Auflage verbunden ist und der Begünstigte diese nicht oder nicht innerhalb einer ihm gesetzten Frist erfüllt hat;
3. wenn die Behörde auf Grund nachträglich eingetretener Tatsachen berechtigt wäre, den Verwaltungsakt nicht zu erlassen, und wenn ohne den Widerruf das öffentliche Interesse gefährdet würde;
4. wenn die Behörde auf Grund einer geänderten Rechtsvorschrift berechtigt wäre, den Verwaltungsakt nicht zu erlassen, soweit der Begünstigte von der Vergünstigung noch keinen Gebrauch gemacht oder auf Grund des Verwaltungsaktes noch keine Leistungen empfangen hat, und wenn ohne den Widerruf das öffentliche Interesse gefährdet würde;
5. um schwere Nachteile für das Gemeinwohl zu verhüten oder zu beseitigen.

§ 48 Abs. 4 gilt entsprechend.

(3) Der widerrufene Verwaltungsakt wird mit dem Wirksamwerden des Widerrufs unwirksam, wenn die Behörde keinen späteren Zeitpunkt bestimmt.

(4) Über den Widerruf entscheidet nach Unanfechtbarkeit des Verwaltungsaktes die nach § 3 zuständige Behörde; dies gilt auch dann, wenn der zu widerrufende Verwaltungsakt von einer anderen Behörde erlassen worden ist.

(5) Wird ein begünstigender Verwaltungsakt in den Fällen des Absatzes 2 Nr. 3 bis 5 widerrufen, so hat die Behörde den Betroffenen auf Antrag für den Vermögensnachteil zu entschädigen, den dieser dadurch erleidet, daß er auf den Bestand des Verwaltungsaktes vertraut hat, soweit sein Vertrauen schutzwürdig ist. § 48 Abs. 3 Satz 3 bis 5 gilt entsprechend. Für Streitigkeiten über die Entschädigung ist der ordentliche Rechtsweg gegeben.

§ 50

Rücknahme und Widerruf im Rechtsbehelfsverfahren

§ 48 Abs. 1 Satz 2, Abs. 2 bis 4 und Abs. 6 sowie § 49 Abs. 2, 3 und 5 gelten nicht, wenn ein begünstigender Verwaltungsakt, der von einem Dritten angefochten worden ist, während des Vorverfahrens oder während des verwaltungsgerichtlichen Verfahrens aufgehoben wird, soweit dadurch dem Widerspruch oder der Klage abgeholfen wird.

§ 51

Wiederaufgreifen des Verfahrens

(1) Die Behörde hat auf Antrag des Betroffenen über die Aufhebung oder Änderung eines unanfechtbaren Verwaltungsaktes zu entscheiden, wenn

1. sich die dem Verwaltungsakt zugrunde liegende Sach- oder Rechtslage nachträglich zugunsten des Betroffenen geändert hat;
2. neue Beweismittel vorliegen, die eine dem Betroffenen günstigere Entscheidung herbeigeführt haben würden;
3. Wiederaufnahmegründe entsprechend § 580 der Zivilprozeßordnung gegeben sind.

(2) Der Antrag ist nur zulässig, wenn der Betroffene ohne grobes Verschulden außerstande war, den Grund für das Wiederaufgreifen in dem früheren Verfahren, insbesondere durch Rechtsbehelf, geltend zu machen.

(3) Der Antrag muß binnen drei Monaten gestellt werden. Die Frist beginnt mit dem Tage, an dem der Betroffene von dem Grund für das Wiederaufgreifen Kenntnis erhalten hat.

(4) Über den Antrag entscheidet die nach § 3 zuständige Behörde; dies gilt auch dann, wenn der Verwaltungsakt, dessen Aufhebung oder Änderung begehrt wird, von einer anderen Behörde erlassen worden ist.

(5) Die Vorschriften des § 48 Abs. 1 Satz 1 und des § 49 Abs. 1 bleiben unberührt.

§ 52

Rückgabe von Urkunden und Sachen

Ist ein Verwaltungsakt unanfechtbar widerrufen oder zurückgenommen oder ist seine Wirksamkeit aus einem anderen Grund nicht oder nicht mehr gegeben, so kann die Behörde die auf Grund dieses Verwaltungsaktes erteilten Urkunden oder Sachen, die zum Nachweis der Rechte aus dem Verwaltungsakt oder zu deren Ausübung bestimmt sind, zurückfordern. Der Inhaber und, sofern er nicht der Besitzer ist, auch der Besitzer dieser Urkunden oder Sachen sind zu ihrer Herausgabe verpflichtet. Der Inhaber oder der Besitzer kann jedoch verlangen, daß ihm die Urkunden oder Sachen wieder ausgehändigt werden, nachdem sie von der Behörde als ungültig gekennzeichnet sind; dies gilt nicht bei Sachen, bei denen eine solche Kennzeichnung nicht oder nicht mit der erforderlichen Offensichtlichkeit oder Dauerhaftigkeit möglich ist.

Abschnitt 3
Verjährungsrechtliche Wirkungen des Verwaltungsaktes

§ 53
Unterbrechung der Verjährung durch Verwaltungsakt

(1) Ein Verwaltungsakt, der zur Durchsetzung des Anspruchs eines öffentlich-rechtlichen Rechtsträgers erlassen wird, unterbricht die Verjährung dieses Anspruchs. Die Unterbrechung dauert fort, bis der Verwaltungsakt unanfechtbar geworden ist oder das Verwaltungsverfahren, das zu seinem Erlaß geführt hat, anderweitig erledigt ist. Die §§ 212 und 217 des Bürgerlichen Gesetzbuches sind entsprechend anzuwenden.

(2) Ist ein Verwaltungsakt im Sinne des Absatzes 1 unanfechtbar geworden, so ist § 218 des Bürgerlichen Gesetzbuches entsprechend anzuwenden.

Teil IV
Öffentlich-rechtlicher Vertrag

§ 54
Zulässigkeit des öffentlich-rechtlichen Vertrages

Ein Rechtsverhältnis auf dem Gebiet des öffentlichen Rechts kann durch Vertrag begründet, geändert oder aufgehoben werden (öffentlich-rechtlicher Vertrag), soweit Rechtsvorschriften nicht entgegenstehen. Insbesondere kann die Behörde, anstatt einen Verwaltungsakt zu erlassen, einen öffentlich-rechtlichen Vertrag mit demjenigen schließen, an den sie sonst den Verwaltungsakt richten würde.

§ 55
Vergleichsvertrag

Ein öffentlich-rechtlicher Vertrag im Sinne des § 54 Satz 2, durch den eine bei verständiger Würdigung des Sachverhalts oder der Rechtslage bestehende Ungewißheit durch gegenseitiges Nachgeben beseitigt wird (Vergleich), kann geschlossen werden, wenn die Behörde den Abschluß des Vergleichs zur Beseitigung der Ungewißheit nach pflichtgemäßem Ermessen für zweckmäßig hält.

§ 56
Austauschvertrag

(1) Ein öffentlich-rechtlicher Vertrag im Sinne des § 54 Satz 2, in dem sich der Vertragspartner der Behörde zu einer Gegenleistung verpflichtet, kann geschlossen werden, wenn die Gegenleistung für einen bestimmten Zweck im Vertrag vereinbart wird und der Behörde zur Erfüllung ihrer öffentlichen Aufgaben dient. Die Gegenleistung muß den gesamten Umständen nach angemessen sein und im sachlichen Zusammenhang mit der vertraglichen Leistung der Behörde stehen.

(2) Besteht auf die Leistung der Behörde ein Anspruch, so kann nur eine solche Gegenleistung vereinbart werden, die bei Erlaß eines Verwaltungsaktes Inhalt einer Nebenbestimmung nach § 36 sein könnte.

§ 57
Schriftform

Ein öffentlich-rechtlicher Vertrag ist schriftlich zu schließen, soweit nicht durch Rechtsvorschrift eine andere Form vorgeschrieben ist.

§ 58
Zustimmung von Dritten und Behörden

(1) Ein öffentlich-rechtlicher Vertrag, der in Rechte eines Dritten eingreift, wird erst wirksam, wenn der Dritte schriftlich zustimmt.

(2) Wird anstatt eines Verwaltungsaktes, bei dessen Erlaß nach einer Rechtsvorschrift die Genehmigung, die Zustimmung oder das Einvernehmen einer anderen Behörde erforderlich ist, ein Vertrag geschlossen, so wird dieser erst wirksam, nachdem die andere Behörde in der vorgeschriebenen Form mitgewirkt hat.

§ 59
Nichtigkeit des öffentlich-rechtlichen Vertrages

(1) Ein öffentlich-rechtlicher Vertrag ist nichtig, wenn sich die Nichtigkeit aus der entsprechenden Anwendung von Vorschriften des Bürgerlichen Gesetzbuches ergibt.

(2) Ein Vertrag im Sinne des § 54 Satz 2 ist ferner nichtig, wenn

1. ein Verwaltungsakt mit entsprechendem Inhalt nichtig wäre;
2. ein Verwaltungsakt mit entsprechendem Inhalt nicht nur wegen eines Verfahrens- oder Formfehlers im Sinne des § 46 rechtswidrig wäre und dies den Vertragschließenden bekannt war;
3. die Voraussetzungen zum Abschluß eines Vergleichsvertrages nicht vorlagen und ein Verwaltungsakt mit entsprechendem Inhalt nicht nur wegen eines Verfahrens- oder Formfehlers im Sinne des § 46 rechtswidrig wäre;
4. sich die Behörde eine nach § 56 unzulässige Gegenleistung versprechen läßt.

(3) Betrifft die Nichtigkeit nur einen Teil des Vertrages, so ist er im ganzen nichtig, wenn nicht anzunehmen ist, daß er auch ohne den nichtigen Teil geschlossen worden wäre.

§ 60
Anpassung und Kündigung in besonderen Fällen

(1) Haben die Verhältnisse, die für die Festsetzung des Vertragsinhalts maßgebend gewesen sind, sich seit Abschluß des Vertrages so wesentlich geändert, daß einer Vertragspartei das Festhalten an der ursprünglichen vertraglichen Regelung nicht zuzumuten ist, so kann diese Vertragspartei eine Anpassung des Vertragsinhalts an die geänderten Verhältnisse verlangen oder, sofern eine Anpassung nicht möglich oder einer Vertragspartei nicht zuzumuten ist, den Vertrag kündigen. Die Behörde kann den Vertrag auch kündigen, um schwere Nachteile für das Gemeinwohl zu verhüten oder zu beseitigen.

(2) Die Kündigung bedarf der Schriftform, soweit nicht durch Rechtsvorschrift eine andere Form vorgeschrieben ist. Sie soll begründet werden.

§ 61

Unterwerfung unter die sofortige Vollstreckung

(1) Jeder Vertragschließende kann sich der sofortigen Vollstreckung aus einem öffentlich-rechtlichen Vertrag im Sinne des § 54 Satz 2 unterwerfen. Die Behörde muß hierbei von dem Behördenleiter, seinem allgemeinen Vertreter oder einem Angehörigen des öffentlichen Dienstes, der die Befähigung zum Richteramt hat oder die Voraussetzungen des § 110 Satz 1 des Deutschen Richtergesetzes erfüllt, vertreten werden. Die Unterwerfung unter die sofortige Vollstreckung ist nur wirksam, wenn sie von der fachlich zuständigen Aufsichtsbehörde der vertragschließenden Behörde genehmigt worden ist. Die Genehmigung ist nicht erforderlich, wenn die Unterwerfung von oder gegenüber einer obersten Bundes- oder Landesbehörde erklärt wird.

(2) Auf öffentlich-rechtliche Verträge im Sinne des Absatzes 1 Satz 1 ist das Verwaltungs-Vollstreckungsgesetz des Bundes entsprechend anzuwenden, wenn Vertragschließender eine Behörde im Sinne des § 1 Abs. 1 Nr. 1 ist. Will eine natürliche oder juristische Person des Privatrechts oder eine nichtrechtsfähige Vereinigung die Vollstreckung wegen einer Geldforderung betreiben, so ist § 170 Abs. 1 bis 3 der Verwaltungsgerichtsordnung entsprechend anzuwenden. Richtet sich die Vollstreckung wegen der Erzwingung einer Handlung, Duldung oder Unterlassung gegen eine Behörde im Sinne des § 1 Abs. 1 Nr. 1, so ist § 172 der Verwaltungsgerichtsordnung entsprechend anzuwenden.

§ 62

Ergänzende Anwendung von Vorschriften

Soweit sich aus den §§ 54 bis 61 nichts Abweichendes ergibt, gelten die übrigen Vorschriften dieses Gesetzes. Ergänzend gelten die Vorschriften des Bürgerlichen Gesetzbuches entsprechend.

Investitionszulagengesetz (InvZulG 1975)

in der Fassung vom 24. Februar 1975

§ 1

Investitionszulage für Investitionen im Zonenrandgebiet und in anderen förderungsbedürftigen Gebieten

(1) Steuerpflichtigen im Sinne des Einkommensteuergesetzes und des Körperschaftsteuergesetzes, die durch eine Bescheinigung nach § 2 nachweisen,

1. daß sie in einem förderungsbedürftigen Gebiet eine gewerbliche Betriebstätte errichten oder erweitern und
2. daß die Errichtung oder Erweiterung volkswirtschaftlich besonders förderungswürdig ist und den Zielen und Grundsätzen der Raumordnung und Landesplanung entspricht,

wird auf Antrag für die im Zusammenhang mit der Errichtung oder Erweiterung der Betriebstätte vorgenommenen Investitionen eine Investitionszulage gewährt. Wird eine Betriebstätte von einer Gesellschaft im Sinne des § 15 Abs. 1 Ziff. 2 des Einkommensteuergesetzes errichtet oder erweitert, gilt Satz 1 mit der Maßgabe, daß der Gesellschaft eine Investitionszulage gewährt wird.

(2) Eine Investitionszulage wird auf Antrag auch für Investitionen gewährt, die im Zusammenhang mit der Umstellung oder grundlegenden Rationalisierung einer im Zonenrandgebiet belegenen gewerblichen Betriebstätte vorgenommen werden, wenn durch eine Bescheinigung nach § 2 nachgewiesen wird, daß die Umstellung oder grundlegende Rationalisierung volkswirtschaftlich besonders förderungswürdig ist und den Zielen und Grundsätzen der Raumordnung und Landesplanung entspricht. Für Investitionen, die der Ersatzbeschaffung dienen, wird eine Investitionszulage nicht gewährt. Satz 1 gilt nicht für Unternehmen, deren Ertrags- und Vermögenslage nachhaltig so günstig ist, daß eine Finanzierungshilfe durch Gewährung der Investitionszulage auch unter Berücksichtigung der besonderen Verhältnisse des Zonenrandgebiets nicht vertretbar erscheint. Ist das Unternehmen eine Kapitalgesellschaft und ist an dieser ein anderes Unternehmen unmittelbar oder mittelbar in einem solchen Maße beteiligt, daß ihm die Mehrheit der Anteile gehört, so sind für die Anwendung des Satzes 3 auch die Ertrags- und Vermögensverhältnisse des anderen Unternehmens zu berücksichtigen. Absatz 1 gilt im übrigen sinngemäß.

(3) Investitionen im Sinne der Absätze 1 und 2 sind

1. die Anschaffung oder Herstellung von neuen abnutzbaren beweglichen Wirtschaftsgütern des Anlagevermögens, die nicht zu den geringwertigen Wirtschaftsgütern im Sinne des § 6 Abs. 2 des Einkommensteuergesetzes gehören und mindestens 3 Jahre nach ihrer Anschaffung oder Herstellung in der Betriebstätte des Steuerpflichtigen verbleiben, und
2. die Herstellung von
   a) abnutzbaren unbeweglichen Wirtschaftsgütern des Anlagevermögens,
   b) zum Anlagevermögen gehörenden Gebäudeteilen und
   c) Ausbauten und Erweiterungen an zum Anlagevermögen gehörenden Gebäuden oder Gebäudeteilen,

   die mindestens 3 Jahre nach ihrer Herstellung vom Steuerpflichtigen zu mindestens 90 vom Hundert zu eigenbetrieblichen Zwecken verwendet werden.

Voraussetzung für die Gewährung der Investitionszulage ist, daß die Wirtschaftsgüter, Gebäudeteile, Ausbauten und Erweiterungen in ein besonderes Verzeichnis aufgenommen worden sind, das den Tag der Anschaffung oder Herstellung und die Anschaffungs- oder Herstellungskosten enthält. Das Verzeichnis braucht nicht geführt zu werden, wenn diese Angaben aus der Buchführung ersichtlich sind.

(4) Die Investitionszulage beträgt 7,5 vom Hundert der Summe der Anschaffungs- oder Herstellungskosten der im Wirtschaftsjahr angeschafften oder hergestellten Wirtschaftsgüter, Ausbauten und Erweiterungen, die Investitionen im Sinne des Absatzes 3 sind.

(5) Die Investitionszulage kann bereits für die im Wirtschaftsjahr aufgewendeten Anzahlungen auf Anschaffungskosten und für Teilherstellungskosten von Wirtschaftsgütern, Ausbauten und Erweiterungen gewährt werden, die Investitionen im Sinne des Absatzes 3 sind. Der Gesamtbetrag der Investitionszulage darf jedoch 7,5 vom Hundert der begünstigten Anschaffungs- oder Herstellungskosten nicht übersteigen. § 7a Abs. 2 Satz 3 bis 5 des Einkommensteuergesetzes gilt entsprechend.

§ 2

Nachweis der Förderungswürdigkeit

(1) Die Bescheinigung, daß die in § 1 Abs. 1 Satz 1 und Abs. 2 Satz 1 letzter Satzteil bezeichneten Voraussetzungen vorliegen, erteilt der Bundesminister für Wirtschaft im Benehmen mit der von der Landesregierung bestimmten Stelle. Der Bundesminister für Wirtschaft kann seine Befugnisse auf das Bundesamt für gewerbliche Wirtschaft übertragen.

(2) Die Errichtung, Erweiterung, Umstellung oder grundlegende Rationalisierung einer Betriebstätte (Investitionsvorhaben) ist volkswirtschaftlich besonders förderungswürdig im Sinne dieses Gesetzes, wenn

1. a) in einem im Rahmenplan nach dem Gesetz über die Gemeinschaftsaufgabe „Verbesserung der regionalen Wirtschaftsstruktur" vom 6. Oktober 1969 (Bundesgesetzbl. I S. 1861) — Rahmenplan — ausgewiesenen Schwerpunktort eines förderungsbedürftigen Gebiets
      aa) eine Betriebstätte errichtet oder

bb) eine vom Steuerpflichtigen nach dem 31. Dezember 1971 errichtete oder erworbene Betriebstätte erweitert wird;

der Rahmenplan ist insoweit im Bundesanzeiger bekanntzumachen,

b) in einem förderungsbedürftigen Gebiet eine vom Steuerpflichtigen vor dem 1. Januar 1972 errichtete oder erworbene Betriebstätte erweitert wird oder

c) im Zonenrandgebiet eine Betriebstätte umgestellt oder grundlegend rationalisiert wird;

für Betriebstätten, die dem Fremdenverkehr oder als Kurheime, Sanatorien oder als ähnliche Einrichtungen dienen, gilt Buchstabe a mit der Maßgabe, daß an die Stelle des Schwerpunktortes ein durch Rechtsverordnung nach § 3 Abs. 2 bestimmtes Fremdenverkehrsgebiet tritt,

2. in der Betriebstätte überwiegend Güter hergestellt oder Leistungen erbracht werden, die ihrer Art nach regelmäßig überregional abgesetzt werden, und das Investitionsvorhaben somit geeignet ist, unmittelbar und auf die Dauer das Gesamteinkommen in dem jeweiligen Wirtschaftsraum nicht unwesentlich zu erhöhen,

3. bei der Erweiterung einer Betriebstätte oder bei einer im Zusammenhang mit einer Betriebsverlagerung innerhalb der förderungsbedürftigen Gebiete stehenden Errichtung einer Betriebstätte die Zahl der bestehenden Dauerarbeitsplätze um mindestens 20 vom Hundert erhöht wird oder mindestens 50 zusätzliche Dauerarbeitsplätze geschaffen werden oder bei Betriebstätten im Sinne der Nummer 1 letzter Satzteil die Bettenzahl um mindestens 20 vom Hundert erhöht wird,

4. in den Fällen des § 1 Abs. 2 die Umstellung oder grundlegende Rationalisierung für den Fortbestand der Betriebstätte und zur Sicherung der dort bestehenden Dauerarbeitsplätze erforderlich ist,

5. die Investitionskosten je geschaffenem oder gesichertem Dauerarbeitsplatz das Dreißigfache der durchschnittlichen Investitionskosten je gefördertem Arbeitsplatz in den förderungsbedürftigen Gebieten in den vorangegangenen 3 Kalenderjahren nicht übersteigen,

6. der Subventionswert der für das Investitionsvorhaben aus öffentlichen Mitteln gewährten Zuschüsse, Darlehen oder ähnlichen direkten Finanzhilfen einschließlich der beantragten Investitionszulagen die im Rahmenplan festgelegten Höchstsätze nicht überschreitet; der Rahmenplan ist insoweit im Bundesanzeiger bekanntzumachen,

7. nicht zu besorgen ist, daß

a) das Investitionsvorhaben die Abhängigkeit des jeweiligen Wirtschaftsraums von Unternehmen bestimmter Wirtschaftszweige erheblich verstärkt oder in ähnlicher Weise die Wirtschaftsstruktur verschlechtert,

b) die Gewährung der Investitionszulage zu unangemessenen Wettbewerbsvorteilen gegenüber anderen in dem jeweiligen Wirtschaftsraum ansässigen Unternehmen führt.

Soweit das Vorliegen der Voraussetzungen der Nummern 2, 4 und 7 von einer Würdigung der gesamtwirtschaftlichen oder regionalwirtschaftlichen Lage oder Entwicklung abhängt, ist diese Würdigung nach pflichtgemäßem Ermessen vorzunehmen.

(3) Die Bescheinigung darf nur für Investitionsvorhaben erteilt werden, die nach Lage, Art und Umfang hinreichend bestimmt sind. Sie kann versagt werden, wenn das Investitionsvorhaben im Zusammenhang mit einer Betriebsverlagerung aus Berlin (West) steht. Die Bescheinigung kann unter Bedingungen erteilt oder mit Auflagen verbunden werden.

(4) Wird nach Erteilung der Bescheinigung festgestellt, daß das tatsächlich durchgeführte Investitionsvorhaben nach Lage, Art oder Umfang nicht der Bescheinigung entspricht oder daß bei dem tatsächlich durchgeführten Investitionsvorhaben die Voraussetzungen des Absatzes 2 nicht vorliegen, kann die Bescheinigung zurückgenommen werden.

§ 3

Förderungsbedürftige Gebiete

(1) Förderungsbedürftige Gebiete im Sinne des Gesetzes sind

1. das Zonenrandgebiet im Sinne des § 9 des Zonenrandförderungsgesetzes vom 5. August 1971 (Bundesgesetzbl. I S. 1237),

2. das Steinkohlenbergbaugebiet Saar im Sinne des Abschnitts D der Anlage zum Gesetz zur Anpassung und Gesundung des deutschen Steinkohlenbergbaus und der deutschen Steinkohlenbergbaugebiete vom 15. Mai 1968 (Bundesgesetzblatt I S. 365) und

3. Gebiete,

a) deren Wirtschaftskraft erheblich unter dem Bundesdurchschnitt liegt oder erheblich darunter abzusinken droht oder

b) in denen Wirtschaftszweige vorherrschen, die vom Strukturwandel in einer Weise betroffen oder bedroht sind, daß negative Rückwirkungen auf das Gebiet in erheblichem Umfang eingetreten oder absehbar sind.

Anhang

Ergänzung des fünften Rahmenplans der Gemeinschaftsaufgabe „Verbesserung der regionalen Wirtschaftsstruktur"

Der Planungsausschuß der Gemeinschaftsaufgabe „Verbesserung der regionalen Wirtschaftsstruktur" hat am 2. Mai 1975 gemäß § 1 Abs. 2 Nr. 2 GRW ein bis zum 31. Dezember 1977 befristetes Sonderprogramm beschlossen.

1. Mit diesem Programm soll in Niedersachsen die Schaffung von 11 250 neuen Arbeitsplätzen ermöglicht werden. Diese Zahl ergibt sich aus den Beschlüssen von Vorstand und Aufsichtsrat der Volkswagen-AG vom 14./15. April 1975, wonach der Personalbestand in den Werken Wolfsburg um 5900, in Salzgitter um 3000, in Emden um 1500 und in Braunschweig um 850 vermindert werden soll.

2. Hinsichtlich der Gewährung von Finanzierungshilfen gelten die Regelungen über Voraussetzung, Art und Intensität der Förderung des 5. Rahmenplans unter der zu 5. genannten Spezifizierung.

3. Für die Schaffung der unter 1. genannten Arbeitsplatzzahlen sind folgende Gemeinden (Stand: 1. Januar 1975) mit entsprechenden Förderungspräferenzen als Schwerpunktorte neu anerkannt bzw. benannt worden:

Wolfsburg	25%
Salzgitter	25%
Braunschweig	25%
Emden	20%.

4. Der Bund stellt zur Schaffung der unter 1. genannten Arbeitsplatzzahlen insgesamt 51 Millionen DM Haushaltsmittel zur Verfügung. Das Land Niedersachsen stellt insgesamt ebenfalls 51 Millionen DM bereit. Gesamtbetrag der Finanzierungsmittel: 102 Millionen DM.

   Die Zahlungsverpflichtungen des Bundes und des Landes Niedersachsen stehen unter dem Vorbehalt, daß sämtliche haushaltsrechtlich notwendigen Ermächtigungen erteilt werden.

5. Diese Mittel stehen nur für die Förderung der Errichtung, Erweiterung oder Übernahme gewerblicher Produktionsbetriebe in den unter 3. genannten Schwerpunktorten für die Schaffung der unter 1. genannten Arbeitsplatzzahlen zur Verfügung. Die Investitionszuschüsse kommen nur für den Teil der Investitionskosten einer Betriebsstätte in einer Gemeinde in Betracht, der 500 Millionen DM nicht übersteigt.

6. Die Mittel für dieses Sonderprogramm werden getrennt abgerechnet.

Gewerbeordnung

Vom 21. Juni 1869

TITEL I

Allgemeine Bestimmungen

§ 1

(1) Der Betrieb eines Gewerbes ist jedermann gestattet, soweit nicht durch dieses Gesetz Ausnahmen oder Beschränkungen vorgeschrieben oder zugelassen sind.

(2) Wer gegenwärtig zum Betrieb eines Gewerbes berechtigt ist, kann von demselben nicht deshalb ausgeschlossen werden, weil er den Erfordernissen dieses Gesetzes nicht genügt.

§ 3

Der gleichzeitige Betrieb verschiedener Gewerbe sowie desselben Gewerbes in mehreren Betriebs- oder Verkaufsstätten ist gestattet. Eine Beschränkung der Handwerker auf den Verkauf der selbstverfertigten Waren findet nicht statt.

TITEL II

Stehender Gewerbebetrieb

I. Allgemeine Erfordernisse

§ 14

(1) Wer den selbständigen Betrieb eines stehenden Gewerbes oder den Betrieb einer Zweigniederlassung oder einer unselbständigen Zweigstelle anfängt, muß dies der für den betreffenden Ort nach Landesrecht zuständigen Behörde gleichzeitig anzeigen. Das gleiche gilt, wenn

1. der Betrieb verlegt wird,
2. der Gegenstand des Gewerbes gewechselt oder auf Waren oder Leistungen ausgedehnt wird, die bei Gewerbebetrieben der angemeldeten Art nicht geschäftsüblich sind,
3. der Betrieb aufgegeben wird.

(2) Absatz 1 gilt auch für den Handel mit Arzneimitteln, mit Losen von Lotterien und Ausspielungen sowie mit Bezugs- und Anteilscheinen auf solche Lose und für den Betrieb von Wettannahmestellen aller Art.

(3) Wer die Aufstellung von Automaten (Waren-, Leistungs- und Unterhaltungsautomaten jeder Art) als selbständiges Gewerbe betreibt, muß die Anzeige nach Absatz 1 allen Behörden erstatten, in deren Zuständigkeitsbereich Automaten aufgestellt werden. Die zuständige Behörde kann Angaben über den Aufstellungsort der einzelnen Automaten verlangen.

§ 15

(1) Die Behörde bescheinigt innerhalb dreier Tage den Empfang der Anzeige.

(2) Die Fortsetzung des Betriebs kann polizeilich verhindert werden, wenn ein Gewerbe, zu dessen Beginn eine besondere Genehmigung erforderlich ist, ohne diese Genehmigung begonnen wird. ...

II. Erfordernis besonderer Genehmigung

1. Anlagen, welche einer besonderen Genehmigung bedürfen

§ 24

(1) Zum Schutze der Beschäftigten und Dritter vor Gefahren durch Anlagen, die mit Rücksicht auf ihre Gefährlichkeit einer besonderen Überwachung bedürfen (überwachungsbedürftige Anlagen), wird die Bundesregierung ermächtigt, nach Anhörung der beteiligten Kreise durch Rechtsverordnung zu bestimmen,

1. daß die Errichtung solcher Anlagen, ihre Inbetriebnahme, die Vornahme von Änderungen an bestehenden Anlagen und sonstige die Anlagen betreffenden Umstände angezeigt und der Anzeige bestimmte Unterlagen beigefügt werden müssen;
2. daß die Errichtung solcher Anlagen, ihr Betrieb sowie die Vornahme von Änderungen an bestehenden Anlagen der Erlaubnis einer in der Rechtsverordnung bezeichneten oder nach Bundes- oder Landesrecht zuständigen Behörde bedürfen;
3. daß solche Anlagen, insbesondere die Errichtung, die Herstellung, die Bauart, die Werkstoffe, die Ausrüstung und die Unterhaltung sowie ihr Betrieb bestimmten Anforderungen genügen müssen. Anforderungen technischer Art können in besonderen Vorschriften (technische Vorschriften) zusammengefaßt werden; hierbei sind die Vorschläge des Ausschusses (Absatz 4) zu berücksichtigen;
4. daß solche Anlagen einer Prüfung vor Inbetriebnahme, regelmäßig wiederkehrenden Prüfungen und Prüfungen auf Grund behördlicher Anordnung unterliegen;
5. welche Gebühren Eigentümer von solchen Anlagen und Personen, die solche Anlagen herstellen oder betreiben, für die vorgeschriebenen oder behördlich angeordneten Prüfungen der Anlagen zu entrichten haben.

(2) Absatz 1 gilt auch für Anlagen, die nicht gewerblichen Zwecken dienen, sofern sie im Rahmen wirtschaftlicher Unternehmungen Verwendung finden oder soweit es der Arbeitsschutz erfordert; er gilt nicht für den Betrieb der Deutschen Bundesbahn und die Nebenbetriebe, die den Bedürfnissen des Eisenbahn- und Schiffahrtsbetriebes und -verkehrs der Deutschen Bundesbahn zu dienen bestimmt sind,

sowie für das rollende Material anderer Eisenbahnunternehmungen, ausgenommen Ladegutbehälter, soweit dieses Material den Bestimmungen der Bau- und Betriebsordnungen des Bundes und der Länder unterliegt.

(3) Überwachungsbedürftige Anlagen im Sinne des Absatzes 1 sind

1. Dampfkesselanlagen,
2. Druckbehälter außer Dampfkesseln,
3. Anlagen zur Abfüllung von verdichteten, verflüssigten oder unter Druck gelösten Gasen,
4. Leitungen unter innerem Überdruck für brennbare, ätzende oder giftige Gase, Dämpfe oder Flüssigkeiten,
5. Aufzugsanlagen,
6. elektrische Anlagen in besonders gefährdeten Räumen,
7. Getränkeschankanlagen und Anlagen zur Herstellung kohlensaurer Getränke,
8. Azetylenanlagen und Kalziumkarbidlager,
9. Anlagen zur Lagerung, Abfüllung und Beförderung von brennbaren Flüssigkeiten,
10. ...

Zu den in den Nummern 2, 3 und 4 bezeichneten überwachungsbedürftigen Anlagen gehören nicht die Energieanlagen im Sinne des § 2 Abs. 1 des Gesetzes zur Förderung der Energiewirtschaft (Energiewirtschaftsgesetz) vom 13. Dezember 1935 (Reichsgesetzbl. I S. 1451).

(4) In den Rechtsverordnungen nach Absatz 1 können Vorschriften über die Einsetzung von technischen Ausschüssen getroffen werden. Die Ausschüsse sollen die Bundesregierung oder den zuständigen Bundesminister insbesondere in technischen Fragen beraten und ihnen dem Stand von Wissenschaft und Technik entsprechende Vorschriften vorschlagen (Absatz 1 Nr. 3). Soweit Anforderungen technischer Art in besonderen Vorschriften (technische Vorschriften) zusammengefaßt werden, müssen technische Ausschüsse gebildet werden. In die Ausschüsse sind neben Vertretern der beteiligten Bundesbehörden und von obersten Landesbehörden, der Wissenschaft und der technischen Überwachung, insbesondere Vertreter der Hersteller und der Betreiber der Anlagen, zu berufen.

(5) Die Bundesregierung kann durch Rechtsverordnung die Ermächtigung nach Absatz 1 ganz oder teilweise auf den zuständigen Bundesminister übertragen.

(6) Die nach dieser Vorschrift zu erlassenden Rechtsverordnungen bedürfen der Zustimmung des Bundesrates; ausgenommen sind die in Absatz 1 Nr. 3 bezeichneten technischen Vorschriften, die in Absatz 5 genannten Rechtsverordnungen sowie Rechtsverordnungen, die sich ausschließlich auf Anlagen beziehen, welche der Überwachung durch die Bundesverwaltung unterstehen.

§ 24 a

Anordnung von Maßnahmen

Die zuständige Behörde kann im Einzelfall die erforderlichen Maßnahmen zur Durchführung der durch Rechtsverordnung nach § 24 auferlegten Pflichten anordnen.

§ 25

Stillegung oder Beseitigung einer Anlage

(1) Die zuständige Behörde kann die Stillegung oder Beseitigung einer Anlage anordnen, wenn ohne die auf Grund einer Rechtsverordnung nach § 24 Abs. 1 Nr. 2 oder 4 erforderliche Erlaubnis oder Sachverständigenprüfung die Anlage errichtet, betrieben oder geändert wird.

§ 35

(1) Die Ausübung eines Gewerbes ist ganz oder teilweise auf Zeit oder Dauer zu untersagen, wenn Tatsachen vorliegen, welche die Unzuverlässigkeit des Gewerbetreibenden oder einer mit der Leitung des Gewerbebetriebes beauftragten Person in bezug auf dieses Gewerbe dartun, sofern die weitere Ausübung des Gewerbes für die Allgemeinheit oder die im Betrieb Beschäftigten eine Gefährdung des Lebens, der Gesundheit, der Freiheit oder der Sittlichkeit oder eine Gefährdung des Eigentums oder des Vermögens anderer mit sich bringt und diesen Gefährdungen nur durch eine Gewerbeuntersagung begegnet werden kann. Die Untersagung gilt für den Geltungsbereich dieses Gesetzes.

(2) Dem Gewerbetreibenden kann auf seinen Antrag gestattet werden, den Gewerbebetrieb durch einen Stellvertreter (§ 45) fortzuführen, der die Gewähr für eine ordnungsgemäße Führung des Gewerbebetriebes bietet. Die Erlaubnis kann unter Auflagen erteilt werden.

(3) Will die Verwaltungsbehörde in dem Untersagungsverfahren einen Sachverhalt berücksichtigen, der Gegenstand der Urteilsfindung in einem Strafverfahren gegen einen Gewerbetreibenden gewesen ist, so kann sie zu dessen Nachteil von dem Inhalt des Urteils soweit nicht abweichen, als es sich bezieht auf

1. die Feststellung des Sachverhalts,
2. die Beurteilung der Schuldfrage oder
3. die Beurteilung der Frage, ob er bei weiterer Ausübung des Gewerbes erhebliche rechtswidrige Taten im Sinne des § 70 des Strafgesetzbuches begehen wird und ob zur Abwehr dieser Gefahren die Untersagung des Gewerbes angebracht ist.

Absatz 1 Satz 2 bleibt unberührt. Die Entscheidung über ein vorläufiges Berufsverbot (§ 132 a der Strafprozeßordnung), der Strafbefehl und die gerichtliche Entscheidung, durch welche die Eröffnung des Hauptverfahrens abgelehnt wird, stehen einem Urteil gleich; dies gilt auch für Bußgeldentscheidungen, soweit sie sich auf die Feststellung des Sachverhalts und die Beurteilung der Schuldfrage beziehen.

(3 a) Im Untersagungsverfahren hat der Gewerbetreibende der zuständigen Behörde oder deren Beauftragten auf Verlangen jede für die Durchführung des Verfahrens erforderliche mündliche oder schriftliche Auskunft über seinen Gewerbebetrieb innerhalb der gesetzten Frist und unentgeltlich zu erteilen. Er kann die Auskunft auf solche Fragen verweigern, deren Beantwortung ihn selbst oder einen der in § 383 Abs. 1 Nr. 1 bis 3 der Zivilprozeßordnung bezeichneten Angehörigen der Gefahr strafgerichtlicher Verfolgung oder eines Verfahrens nach dem Gesetz über Ordnungswidrigkeiten ausetzen würde.

(4) Vor der Untersagung sollen, soweit besondere staatliche Aufsichtsbehörden bestehen, die Aufsichtsbehörden, ferner die zuständige Industrie- und Handelskammer oder Handwerkskammer und, soweit es sich um eine Genossenschaft handelt, auch der Prüfungsverband gehört werden, dem die Ge-

nossenschaft angehört. Die Anhörung der vorgenannten Stellen kann unterbleiben, wenn Gefahr im Verzuge ist, in diesem Falle sind diese Stellen zu unterrichten.

(5) Die Ausübung des untersagten Gewerbes durch den Gewerbetreibenden kann durch Schließung der Betriebs- oder Geschäftsräume oder durch andere geeignete Maßnahmen verhindert werden.

(6) Dem Gewerbetreibenden ist die persönliche Ausübung des Gewerbes wieder zu gestatten, wenn eine Gefährdung im Sinne des Absatzes 1 nicht mehr zu besorgen ist. Vor Ablauf eines Jahres nach Durchführung der Untersagungsverfügung kann die Wiederaufnahme nur gestattet werden, wenn hierfür besondere Gründe vorliegen.

(7) Zuständig für die nach den vorstehenden Vorschriften zu treffenden Maßnahmen ist die für den Gemeindebezirk der gewerblichen Niederlassung zuständige höhere Verwaltungsbehörde; bei Fehlen einer gewerblichen Niederlassung richtet sich die Zuständigkeit der höheren Verwaltungsbehörde nach dem Wohnsitz, bei Fehlen eines Wohnsitzes nach dem Aufenthaltsort, bei Fehlen auch eines Aufenthaltsortes nach dem Tätigkeitsbereich des Gewerbetreibenden.

(8) Sofern für einzelne Gewerbe besondere Untersagungs- oder Betriebsschließungsvorschriften oder Vorschriften über die Zurücknahme oder den Widerruf der Erlaubnis bestehen, die auf die Unzuverlässigkeit des Gewerbetreibenden abstellen, sind die Absätze 1 bis 7 nicht anzuwenden. Dies gilt nicht für Vorschriften, die Gewerbeuntersagungen oder Betriebsschließungen durch strafgerichtliches Urteil vorsehen.

(9) Die Absätze 1 bis 8 sind auf Genossenschaften entsprechend anzuwenden, auch wenn sich ihr Geschäftsbetrieb auf den Kreis der Mitglieder beschränkt; sie finden ferner Anwendung auf den Handel mit Arzneimitteln, mit Losen von Lotterien und Ausspielungen sowie mit Bezugs- und Anteilscheinen auf solche Lose und auf den Betrieb von Wettannahmestellen aller Art.

§ 53

(1) Die in den §§ 30, 31, 33a, 34, 34a und 34b bezeichneten Konzessionen, Befähigungszeugnisse, Erlaubnisse oder Genehmigungen dürfen nicht auf Zeit erteilt werden.

(2) Die in den §§ 30, 33a, 33i, 34, 34a, 34b und 36 bezeichneten Konzessionen, Erlaubnisse, Genehmigungen oder Bestellungen dürfen nur zurückgenommen werden, wenn

1. der für die Rücknahme zuständigen Behörde bekannt wird, daß die Nachweise, von denen die Erteilung der Konzession, Erlaubnis, Genehmigung oder Bestellung abhängig war, unrichtig sind oder
2. sich nachträglich ergibt, daß der Gewerbetreibende nicht die für die Erteilung der Konzession, Erlaubnis, Genehmigung oder Bestellung erforderlichen Eigenschaften besitzt oder daß die räumliche oder technische Einrichtung des Gewerbebetriebes nicht mehr den Anforderungen genügt, von denen die Erteilung der Erlaubnis abhängig war.

TITEL III
Reisegewerbe

§ 55
Reisegewerbekarte

(1) Wer in eigener Person außerhalb der Räume seiner gewerblichen Niederlassung oder ohne eine solche zu haben ohne vorhergehende Bestellung

1. Waren feilbieten, ankaufen oder Warenbestellungen aufsuchen,
2. gewerbliche Leistungen anbieten oder Bestellungen auf gewerbliche Leistungen aufsuchen,
3. Schaustellungen, Musikaufführungen, unterhaltende Vorstellungen oder sonstige Lustbarkeiten, ohne daß ein höheres Interesse der Kunst oder Wissenschaft dabei erkennbar ist, darbieten

will (Reisegewerbe), bedarf einer Reisegewerbekarte.

(2) In den Fällen des Absatzes 1 Nr. 2 und 3 ist auch für den Marktverkehr (§ 64) eine Reisegewerbekarte erforderlich.

§ 55a
Reisegewerbekartenfreie Tätigkeiten

(1) Einer Reisegewerbekarte bedarf nicht,

1. wer gelegentlich der Veranstaltung von Messen, Ausstellungen, öffentlichen Festen oder aus besonderem Anlaß mit Erlaubnis der Ortspolizeibehörde Waren feilbietet;
2. wer selbstgewonnene Erzeugnisse der Land- und Forstwirtschaft, des Gemüse-, Obst- und Gartenbaues, der Geflügelzucht und Imkerei sowie der Jagd und Fischerei feilbietet oder Bestellungen auf solche selbstgewonnenen Erzeugnisse aufsucht;
3. wer Tätigkeiten der in § 55 Abs. 1 Nr. 1 und 2 genannten Art in der Gemeinde seines Wohnsitzes oder seiner gewerblichen Niederlassung ausübt, sofern die Gemeinde nicht mehr als 10 000 Einwohner zählt;
4. wer Blindenwaren und Zusatzwaren im Sinne des Gesetzes über den Vertrieb von Blindenwaren vom 9. September 1953 (Bundesgesetzbl. I S. 1322) vertreibt und im Besitz eines Blindenwaren-Vertriebsausweises ist;
5. wer auf Grund einer Erlaubnis nach § 14 des Milchgesetzes Milch oder bei dieser Tätigkeit auch Milcherzeugnisse abgibt; das gleiche gilt für die in dem Gewerbebetrieb beschäftigten Personen;
6. wer Versicherungsverträge oder Bausparverträge vermittelt oder abschließt;
7. wer ein Gewerbe auf Grund einer Erlaubnis nach §§ 34a, 34b oder 37 ausübt; das gleiche gilt für die in dem Gewerbebetrieb beschäftigten Personen.

(2) Die höhere Verwaltungsbehörde kann für besondere Verkaufsveranstaltungen Ausnahmen von dem Erfordernis der Reisegewerbekarte zulassen.

§ 57

Versagungsgründe

(1) Die Reisegewerbekarte ist dem Antragsteller zu versagen, wenn

1. Tatsachen die Annahme rechtfertigen, daß er die für die Ausübung des Reisegewerbes erforderliche Zuverlässigkeit nicht besitzt,
2. er entmündigt ist,
3. er wegen eines Verbrechens, wegen Widerstandes gegen die Staatsgewalt, wegen Landfriedensbruchs, wegen Zuwiderhandlung gegen Verbote und Sicherungsmaßregeln, die die Einführung oder Verbreitung ansteckender Krankheiten oder Viehseuchen verhindern sollen, wegen Vergehens gegen die Sittlichkeit, wegen vorsätzlicher Angriffe auf die Gesundheit anderer, wegen Hausfriedensbruchs, Erpressung, Urkundenfälschung, Untreue, betrügerischen Bankrotts, Diebstahls, Unterschlagung, Betrugs oder Hehlerei zu einer Gefängnisstrafe von mindestens drei Monaten rechtskräftig verurteilt worden ist und seit Verbüßung der Strafe drei Jahre noch nicht verflossen sind,

(2) In den Fällen des Absatzes 1 Nr. 3 steht der Verbüßung der Freiheitsstrafe ihre Verjährung, ihr Erlaß oder ihre Umwandlung in eine Geldstrafe gleich; in diesen Fällen beginnt die dreijährige Frist mit dem Tage, an dem die Freiheitsstrafe verjährt oder erlassen oder in eine Geldstrafe umgewandelt worden ist.

(3) Ist die Strafe nach einer Bewährungszeit ganz oder teilweise erlassen worden, so wird die Bewährungszeit auf die Frist angerechnet.

(4) Die Reisegewerbekarte kann in den Fällen des Absatzes 1 Nr. 3 vorzeitig erteilt werden, wenn die Versagung nach den besonderen Umständen des Falles eine unbillige Härte bedeuten würde.

§ 57 a

Weitere Versagungsgründe

(1) Die Reisegewerbekarte kann dem Antragsteller versagt werden, wenn er

1. mit einer abschreckenden oder ansteckenden Krankheit behaftet oder in abschreckender Weise entstellt ist,
2. blind, taub oder stumm ist oder an Geistesschwäche leidet,
3. das 25. Lebensjahr noch nicht vollendet hat; dies gilt nicht, wenn er der Ernährer der Familie ist oder bereits zwei Jahre im Reisegewerbe tätig war,
4. im Geltungsbereich dieses Gesetzes keinen festen Wohnsitz hat,
5. wenn er ein oder mehrere Kinder besitzt, für deren Unterhalt und, sofern sie im schulpflichtigen Alter stehen, für deren Unterricht nicht genügend gesorgt ist.

(2) Die zuständige Behörde kann die Vorlage eines ärztlichen Zeugnisses und sonstige Nachweise verlangen.

§ 58

Entziehung der Reisegewerbekarte

Die Reisegewerbekarte kann entzogen werden, wenn eine der in § 57 Abs. 1 oder § 57 a bezeichneten Voraussetzungen bei Erteilung der Reisegewerbekarte der Behörde nicht bekannt gewesen oder nach Erteilung der Karte eingetreten ist.

§ 59

Untersagung der Ausübung des Reisegewerbes

Soweit nach § 55 a oder § 55 b eine Reisegewerbekarte nicht erforderlich ist, kann die Ausübung des Reisegewerbes untersagt werden, wenn die Voraussetzungen des § 57 Abs. 1 oder des § 57 a Abs. 1 Nr. 1 vorliegen.

TITEL IV

Marktverkehr

§ 64 (alte Fassung)

(1) Der Besuch der Messen, Jahr- und Wochenmärkte sowie der Kauf und Verkauf auf denselben steht einem jeden mit gleichen Befugnissen frei.

§ 70

Recht zur Teilnahme an einer Veranstaltung

(1) Jedermann, der dem Teilnehmerkreis der festgesetzten Veranstaltung angehört, ist nach Maßgabe der für alle Veranstaltungsteilnehmer geltenden Bestimmungen zur Teilnahme an der Veranstaltung berechtigt.

(2) Der Veranstalter kann, wenn es für die Erreichung des Veranstaltungszwecks erforderlich ist, die Veranstaltung auf bestimmte Ausstellergruppen, Anbietergruppen und Besuchergruppen beschränken, soweit dadurch gleichartige Unternehmen nicht ohne sachlich gerechtfertigten Grund unmittelbar oder mittelbar unterschiedlich behandelt werden.

(3) Der Veranstalter kann aus sachlich gerechtfertigten Gründen, insbesondere, wenn der zur Verfügung stehende Platz nicht ausreicht, einzelne Aussteller, Anbieter oder Besucher von der Teilnahme ausschließen.

§ 70 a

Untersagung der Teilnahme an einer Veranstaltung

Die zuständige Behörde kann einem Aussteller oder Anbieter die Teilnahme an einer bestimmten Veranstaltung oder einer oder mehreren Arten von Veranstaltungen im Sinne der §§ 64 bis 68 untersagen, wenn Tatsachen die Annahme rechtfertigen, daß er die hierfür erforderliche Zuverlässigkeit nicht besitzt.

Gesetz zum Schutz vor schädlichen Umwelteinwirkungen durch Luftverunreinigungen, Geräusche, Erschütterungen und ähnliche Vorgänge (Bundes-Immissionsschutzgesetz – BImSchG)

Vom 15. März 1974

Zweiter Teil
Errichtung und Betrieb von Anlagen

Erster Abschnitt
Genehmigungsbedürftige Anlagen

§ 4

Genehmigung

(1) Die Errichtung und der Betrieb von Anlagen, die auf Grund ihrer Beschaffenheit oder ihres Betriebs in besonderem Maße geeignet sind, schädliche Umwelteinwirkungen hervorzurufen oder in anderer Weise die Allgemeinheit oder die Nachbarschaft zu gefährden, erheblich zu benachteiligen oder erheblich zu belästigen, bedürfen einer Genehmigung. Anlagen, die nicht gewerblichen Zwecken dienen und nicht im Rahmen wirtschaftlicher Unternehmungen Verwendung finden, bedürfen der Genehmigung nur, wenn sie in besonderem Maße geeignet sind, schädliche Umwelteinwirkungen durch Luftverunreinigungen oder Geräusche hervorzurufen. Die Bundesregierung bestimmt nach Anhörung der beteiligten Kreise (§ 51) durch Rechtsverordnung mit Zustimmung des Bundesrates die Anlagen, die einer Genehmigung bedürfen (genehmigungsbedürftige Anlagen).

(2) Keiner Genehmigung nach diesem Gesetz bedürfen Anlagen des Bergwesens, soweit sie der Aufsuchung oder Gewinnung von Bodenschätzen dienen.

§ 5

Pflichten der Betreiber genehmigungsbedürftiger Anlagen

Genehmigungsbedürftige Anlagen sind so zu errichten und zu betreiben, daß

1. schädliche Umwelteinwirkungen und sonstige Gefahren, erhebliche Nachteile und erhebliche Belästigungen für die Allgemeinheit und die Nachbarschaft nicht hervorgerufen werden können,
2. Vorsorge gegen schädliche Umwelteinwirkungen getroffen wird, insbesondere durch die dem Stand der Technik entsprechenden Maßnahmen zur Emissionsbegrenzung, und
3. die beim Betrieb der Anlagen entstehenden Reststoffe ordnungsgemäß und schadlos verwertet oder, soweit dies technisch nicht möglich oder wirtschaftlich nicht vertretbar ist, als Abfälle ordnungsgemäß beseitigt werden.

§ 6

Genehmigungsvoraussetzungen

Die Genehmigung ist zu erteilen, wenn

1. sichergestellt ist, daß die sich aus § 5 und einer auf Grund des § 7 erlassenen Rechtsverordnung ergebenden Pflichten erfüllt werden, und
2. andere öffentlich-rechtliche Vorschriften und Belange des Arbeitsschutzes der Errichtung und dem Betrieb der Anlage nicht entgegenstehen.

§ 11

Einwendungen Dritter bei Teilgenehmigung und Vorbescheid

Ist eine Teilgenehmigung oder ein Vorbescheid erteilt worden, können nach Eintritt ihrer Unanfechtbarkeit im weiteren Verfahren zur Genehmigung der Errichtung und des Betriebs der Anlage Einwendungen nicht mehr auf Grund von Tatsachen erhoben werden, die im vorhergehenden Verfahren fristgerecht vorgebracht worden sind oder nach den ausgelegten Unterlagen hätten vorgebracht werden können.

§ 14

Ausschluß von privatrechtlichen Abwehransprüchen

Auf Grund privatrechtlicher, nicht auf besonderen Titeln beruhender Ansprüche zur Abwehr benachteiligender Einwirkungen von einem Grundstück auf ein benachbartes Grundstück kann nicht die Einstellung des Betriebs einer Anlage verlangt werden, deren Genehmigung unanfechtbar ist; es können nur Vorkehrungen verlangt werden, die die benachteiligenden Wirkungen ausschließen. Soweit solche Vorkehrungen nach dem Stand der Technik nicht durchführbar oder wirtschaftlich nicht vertretbar sind, kann lediglich Schadensersatz verlangt werden.

§ 20

Untersagung, Stillegung und Beseitigung

(1) Kommt der Betreiber einer genehmigungsbedürftigen Anlage einer Auflage oder einer vollziebaren nachträglichen Anordnung nicht nach, so kann die zuständige Behörde den Betrieb der Anlage ganz oder teilweise bis zur Erfüllung der Auflage oder Anordnung untersagen.

(2) Die zuständige Behörde soll anordnen, daß eine Anlage, die ohne die erforderliche Genehmigung errichtet, betrieben oder wesentlich geändert wird, stillzulegen oder zu beseitigen ist. Sie hat die Beseitigung anzuordnen, wenn die Allgemeinheit oder die Nachbarschaft nicht auf andere Weise ausreichend geschützt werden kann.

(3) Die zuständige Behörde kann den weiteren Betrieb einer genehmigungsbedürftigen Anlage durch den Betreiber oder einen mit der Leitung des Betriebes Beauftragten untersagen, wenn Tatsachen vorliegen, welche die Unzuverlässigkeit dieser Personen in bezug auf die Einhaltung von Rechtsvorschriften zum Schutz vor schädlichen Umwelteinwirkungen dartun, und die Untersagung zum Wohl der Allgemeinheit geboten ist. Dem Betreiber der Anlage kann auf Antrag die Erlaubnis erteilt werden, die Anlage durch eine Person betreiben zu lassen, die die Gewähr für den ordnungsgemäßen Betrieb der Anlage bietet. Die Erlaubnis kann mit Auflagen verbunden werden.

§ 21

Widerruf der Genehmigung

(1) Eine nach diesem Gesetz erteilte rechtmäßige Genehmigung darf, auch nachdem sie unanfechtbar geworden ist, ganz oder teilweise mit Wirkung für die Zukunft nur widerrufen werden,

1. wenn der Widerruf gemäß § 12 Abs. 2 Satz 2 oder Abs. 3 vorbehalten ist;
2. wenn mit der Genehmigung eine Auflage verbunden ist und der Begünstigte diese nicht oder nicht innerhalb einer ihm gesetzten Frist erfüllt hat;
3. wenn die Genehmigungsbehörde auf Grund nachträglich eingetretener Tatsachen berechtigt wäre, die Genehmigung nicht zu erteilen, und wenn ohne den Widerruf das öffentliche Interesse gefährdet würde;
4. wenn die Genehmigungsbehörde auf Grund einer geänderten Rechtsvorschrift berechtigt wäre, die Genehmigung nicht zu erteilen, soweit der Betreiber von der Genehmigung noch keinen Gebrauch gemacht hat, und wenn ohne den Widerruf das öffentliche Interesse gefährdet würde;
5. um schwere Nachteile für das Gemeinwohl zu verhüten oder zu beseitigen.

Gesetz über die Berufsausübung im Einzelhandel.

Vom 5. August 1957.

§ 1

(1) Einzelhandel betreibt, wer gewerbsmäßig Waren anschafft und sie unverändert oder nach im Einzelhandel üblicher Be- oder Verarbeitung in einer oder mehreren offenen Verkaufsstellen zum Verkauf an jedermann feilhält.

(2) Einzelhandel betreibt auch, wer gewerbsmäßig zum Verkauf an jedermann

1. in einer oder mehreren offenen Verkaufsstellen Muster oder Proben zeigt, um Bestellungen auf Waren entgegenzunehmen, oder
2. Waren versendet, die nach Katalog, Mustern, Proben oder auf Grund eines sonstigen Angebots bestellt sind (Versandhandel).

(3) Als Einzelhandel im Sinne von Absatz 1 und Absatz 2 gilt die Tätigkeit von Genossenschaften auch dann, wenn sie nicht gewerbsmäßig betrieben wird und ein Verkauf nur an Mitglieder zum eigenen nichtgewerblichen Verbrauch oder Gebrauch stattfindet.

§ 2

Die Vorschriften dieses Gesetzes sind nicht anzuwenden auf das Feilhalten von Waren von Haus zu Haus oder auf öffentlichen Wegen, Straßen oder Plätzen oder an anderen öffentlichen Orten sowie auf das Feilhalten von Waren im Marktverkehr.

§ 3

(1) Wer Einzelhandel im Sinne dieses Gesetzes betreiben will, bedarf der Erlaubnis.

(2) Die Erlaubnis ist zu versagen, wenn *

1. weder der Unternehmer noch eine zur Vertretung des Unternehmens gesetzlich berufene noch eine von dem Unternehmer mit der Leitung des Unternehmens beauftragte Person die erforderliche Sachkunde nachweisen kann oder
2. Tatsachen vorliegen, aus denen sich der Mangel der für die Leitung des Unternehmens erforderlichen Zuverlässigkeit einer der in Nummer 1 genannten Personen ergibt.

(3) Die Erlaubnis ist für den Geltungsbereich dieses Gesetzes wirksam. Sie ist für den Einzelhandel mit Waren aller Art, ausgenommen Lebensmittel im Sinne des § 1 Abs. 1 des Lebensmittelgesetzes, Arzneimittel und ärztliche Hilfsmittel — ausgenommen aus amtsärztlich kontrollierten Drogenschränken — oder für den Einzelhandel in einem dieser Warenzweige zu erteilen. Die Erlaubnis für den Einzelhandel in einem dieser Warenzweige schließt die Erlaubnis für den Einzelhandel mit anderen Waren ein, für den nicht eine besondere Sachkunde gemäß § 4 Abs. 2 gefordert wird.

(4) Die Landesregierungen werden ermächtigt, durch Rechtsverordnung die für die Erteilung der Erlaubnis zuständige Verwaltungsbehörde zu bestimmen und das Verfahren zu regeln; sie können diese Ermächtigung auf die obersten Landesbehörden übertragen.

(5) Rechtsvorschriften, nach denen der Beginn des Gewerbebetriebes von weiteren Voraussetzungen abhängig ist, bleiben unberührt. Soweit nach diesen Rechtsvorschriften bereits eine Prüfung der Sachkunde und der Zuverlässigkeit stattfindet, ist eine Erlaubnis nach diesem Gesetz nicht erforderlich.

§ 4

(1) Den Nachweis der Sachkunde für den Einzelhandel hat erbracht, wer eine Kaufmannsgehilfenprüfung bestanden und danach eine praktische Tätigkeit im Handel von mindestens zwei Jahren ausgeübt hat.

(2) Absatz 1 gilt nicht für den Einzelhandel mit Lebensmitteln im Sinne des § 1 Abs. 1 des Lebensmittelgesetzes, mit Arzneimitteln und ärztlichen Hilfsmitteln — ausgenommen aus amtsärztlich kontrollierten Drogenschränken. Den Nachweis der Sachkunde für den Einzelhandel in einem dieser Warenzweige hat erbracht, wer

1. nach Ablegung der Kaufmannsgehilfenprüfung eine praktische Tätigkeit von mindestens drei Jahren in einem Handelsbetrieb des entsprechenden Warenzweiges ausgeübt hat oder
2. eine für den Handel in dem entsprechenden Warenzweig anerkannte Prüfung abgelegt und danach eine praktische Tätigkeit von mindestens zwei Jahren in einem Handelsbetrieb des entsprechenden Warenzweiges ausgeübt hat oder
3. die Voraussetzungen des Absatzes 3 für den entsprechenden Handelszweig erfüllt.

(3) Die Sachkunde im Sinne des Absatzes 1 besitzt ferner, wer eine mindestens fünfjährige kaufmännische Tätigkeit, davon eine zweijährige leitende Tätigkeit, nachweisen kann.

(4) Wer die Voraussetzungen der Absätze 1 bis 3 nicht erfüllt, kann die Sachkunde für den Einzelhandel in einer besonderen Prüfung vor der von der höheren Verwaltungsbehörde errichteten und ihrer Aufsicht unterstehenden Stelle nachweisen. Dies gilt auch für den Einzelhandel mit Lebensmitteln, Arzneimitteln und ärztlichen Hilfsmitteln im Sinne des § 3 Abs. 3. Die Prüfungsausschüsse müssen aus einem Vorsitzenden und mindestens zwei Beisitzern bestehen. Als Beisitzer sind zu gleichen Teilen selbständige Kaufleute des Einzelhandels und kaufmännische Angestellte des Einzelhandels zu bestellen. Der Vorsitzende darf nicht im Einzelhandel

* § 3 Abs. 2 Nr. 1 ist mit Art. 12 Abs. 1 des Grundgesetzes unvereinbar und daher nichtig, soweit er den Einzelhandel mit Waren aller Art mit Ausnahme der in § 3 Abs. 3 S. 2 genannten Waren betrifft – gem. Beschluß des BVerfG vom 14. Dezember 1965 (BGBl. 1966 I S. 67).

tätig sein, muß aber über besondere Kenntnisse und Erfahrungen auf dem Gebiete des Einzelhandels verfügen.

§ 7

(1) Einer Erlaubnis nach § 3 bedarf nicht, wer ein stehendes Gewerbe, in dem Waren hergestellt, ver- oder bearbeitet werden, befugt betreibt und Waren vertreiben will, die

1. dazu dienen, in technischer Ergänzung die im eigenen Gewerbe hergestellten, ver- oder bearbeiteten Waren gebrauchsfähig zu machen oder zu erhalten, oder
2. üblicherweise in Gewerbebetrieben dieser Art als wirtschaftliche Ergänzung der dort hergestellten ver- oder bearbeiteten Waren angesehen werden.

(2) Absatz 1 gilt entsprechend für Gewerbetreibende, deren Tätigkeit in gewerblichen Leistungen besteht, wenn Waren vertrieben werden, die mit diesen Leistungen in wirtschaftlichem oder technischem Zusammenhang stehen oder üblicherweise zu diesen Leistungen gehören.

Gesetz über den Ladenschluß.

Vom 28. November 1956.

ERSTER ABSCHNITT

Begriffsbestimmungen

§ 1

Verkaufsstellen

(1) Verkaufsstellen im Sinne dieses Gesetzes sind

1. Ladengeschäfte aller Art, Apotheken, Tankstellen, Warenautomaten und Bahnhofsverkaufsstellen,
2. sonstige Verkaufsstände und -buden, Kioske, Basare und ähnliche Einrichtungen, falls in ihnen ebenfalls von einer festen Stelle aus ständig Waren zum Verkauf an jedermann feilgehalten werden. Dem Feilhalten steht das Zeigen von Mustern, Proben und ähnlichem gleich, wenn Warenbestellungen in der Einrichtung entgegengenommen werden,
3. Verkaufsstellen von Genossenschaften.

(2) Zur Herbeiführung einer einheitlichen Handhabung des Gesetzes kann der Bundesminister für Arbeit im Einvernehmen mit dem Bundesminister für Wirtschaft durch Rechtsverordnung mit Zustimmung des Bundesrates bestimmen, welche Einrichtungen Verkaufsstellen gemäß Absatz 1 sind.

ZWEITER ABSCHNITT

Ladenschlußzeiten

§ 3

Allgemeine Ladenschlußzeiten

(1) Verkaufsstellen müssen, vorbehaltlich der Vorschriften der §§ 4 bis 16, zu folgenden Zeiten für den geschäftlichen Verkehr mit den Kunden geschlossen sein:

1. an Sonn- und Feiertagen,
2. montags bis freitags bis sieben Uhr und ab achtzehn Uhr dreißig Minuten,
3. sonnabends bis sieben Uhr und ab vierzehn Uhr, am ersten Sonnabend im Monat ab achtzehn Uhr und am darauffolgenden Montag bis dreizehn Uhr,
4. am 24. Dezember, wenn dieser Tag auf einen Werktag fällt, ab vierzehn Uhr.

Die beim Ladenschluß anwesenden Kunden dürfen noch bedient werden.

§ 8

Verkaufsstellen auf Personenbahnhöfen

(1) Abweichend von den Vorschriften des § 3 dürfen Verkaufsstellen auf Personenbahnhöfen

1. der Deutschen Bundesbahn, soweit sie Nebenbetriebe dieser Bahn im Sinne des § 41 des Bundesbahngesetzes vom 13. Dezember 1951 (Bundesgesetzbl. I S. 955) sind,
2. der nichtbundeseigenen Eisenbahnen, soweit sie den Bedürfnissen des Betriebs und Verkehrs dieser Bahnen zu dienen bestimmt sind (Nebenbetriebe der nichtbundeseigenen Eisenbahnen),

an allen Tagen während des ganzen Tages geöffnet sein, am 24. Dezember jedoch nur bis siebzehn Uhr.

(2) Der Bundesminister für Verkehr wird ermächtigt, im Einvernehmen mit den Bundesministern für Wirtschaft und für Arbeit durch Rechtsverordnung mit Zustimmung des Bundesrates Ladenschlußzeiten für die Verkaufsstellen auf Personenbahnhöfen der nichtbundeseigenen Eisenbahnen vorzuschreiben, die sicherstellen, daß die Dauer der Offenhaltung nicht über das von den Bedürfnissen des Reiseverkehrs geforderte Maß hinausgeht; er kann ferner die Abgabe von Waren in den genannten Verkaufsstellen während der allgemeinen Ladenschlußzeiten (§ 3) auf bestimmte Waren beschränken.

(3) Für Apotheken bleibt es bei den Vorschriften des § 4.

§ 23

Ausnahmen im öffentlichen Interesse

(1) Die obersten Landesbehörden können in Einzelfällen befristete Ausnahmen von den Vorschriften der §§ 3 bis 16 und 18 bis 21 dieses Gesetzes bewilligen, wenn die Ausnahmen im öffentlichen Interesse dringend nötig werden. Die Bewilligung kann jederzeit widerrufen werden.

(2) Der Bundesminister für Arbeit kann im Einvernehmen mit dem Bundesminister für Wirtschaft durch Rechtsverordnung mit Zustimmung des Bundesrates Vorschriften über die Voraussetzungen und Bedingungen für die Bewilligung von Ausnahmen im Sinne des Absatzes 1 erlassen.

Bekanntmachung der Neufassung der Handwerksordnung

Vom 28. Dezember 1965

Erster Teil
Ausübung eines Handwerks

Erster Abschnitt
Berechtigung zum selbständigen Betrieb eines Handwerks

§ 1

(1) Der selbständige Betrieb eines Handwerks als stehendes Gewerbe ist nur den in der Handwerksrolle eingetragenen natürlichen und juristischen Personen und Personengesellschaften (selbständige Handwerker) gestattet. Personengesellschaften im Sinne dieses Gesetzes sind Personenhandelsgesellschaften und Gesellschaften des Bürgerlichen Rechts.

(2) Ein Gewerbebetrieb ist Handwerksbetrieb im Sinne dieses Gesetzes, wenn er handwerksmäßig betrieben wird und vollständig oder in wesentlichen Tätigkeiten ein Gewerbe umfaßt, das in der Anlage A zu diesem Gesetz aufgeführt ist.

(3) Der Bundesminister für Wirtschaft wird ermächtigt, durch Rechtsverordnung mit Zustimmung des Bundesrates die Anlage A zu diesem Gesetz dadurch zu ändern, daß er darin aufgeführte Gewerbe streicht, ganz oder teilweise zusammenfaßt oder trennt, Bezeichnungen für sie festsetzt oder die Gewerbegruppen aufteilt, soweit es die technische und wirtschaftliche Entwicklung erfordert.

§ 2

Die Vorschriften dieses Gesetzes für selbständige Handwerker gelten auch

1. für gewerbliche Betriebe des Bundes, der Länder, der Gemeinden und der sonstigen juristischen Personen des öffentlichen Rechts, in denen Waren zum Absatz an Dritte handwerksmäßig hergestellt oder Leistungen für Dritte handwerksmäßig bewirkt werden,
2. für handwerkliche Nebenbetriebe, die mit einem Versorgungs- oder sonstigen Betrieb der in Nummer 1 bezeichneten öffentlich-rechtlichen Stellen verbunden sind,
3. für handwerkliche Nebenbetriebe, die mit einem Unternehmen des Handwerks, der Industrie, des Handels, der Landwirtschaft oder sonstiger Wirtschafts- und Berufszweige verbunden sind.

Zweiter Abschnitt
Handwerksrolle

§ 6

(1) Die Handwerkskammer hat ein Verzeichnis zu führen, in welches die selbständigen Handwerker ihres Bezirks mit dem von ihnen zu betreibenden Handwerk oder bei Ausübung mehrerer Handwerke mit diesen Handwerken einzutragen sind (Handwerksrolle).

(2) Für die Eintragung eines selbständigen Handwerkers in die Handwerksrolle, der im Geltungsbereich dieses Gesetzes keine gewerbliche Niederlassung unterhält, ist die Handwerkskammer zuständig, in deren Bezirk er den selbständigen Betrieb des Handwerks als stehendes Gewerbe erstmalig beginnen will.

(3) Die Einsicht in die Handwerksrolle ist jedem gestattet, der ein berechtigtes Interesse nachweist.

(4) Der Bundesminister für Wirtschaft bestimmt durch Rechtsverordnung, wie die Handwerksrolle einzurichten ist.

§ 7

(1) In die Handwerksrolle wird eingetragen, wer in dem von ihm zu betreibenden Handwerk oder in einem diesem verwandten Handwerk die Meisterprüfung bestanden hat. Der Bundesminister für Wirtschaft bestimmt durch Rechtsverordnung mit Zustimmung des Bundesrates, welche Handwerke sich so nahestehen, daß die Beherrschung der wesentlichen Kenntnisse und Fertigkeiten des einen Handwerks die fachgerechte Ausübung des anderen Handwerks gewährleistet (verwandte Handwerke).

(2) Der Bundesminister für Wirtschaft kann durch Rechtsverordnung mit Zustimmung des Bundesrates andere, der Meisterprüfung für die Ausübung des betreffenden Handwerks mindestens gleichwertige Prüfungen als ausreichende Voraussetzung für die Eintragung in die Handwerksrolle anerkennen und dabei bestimmen, daß eine zusätzliche praktische Tätigkeit nachzuweisen ist.

(3) In die Handwerksrolle wird ferner eingetragen, wer eine Ausnahmebewilligung nach § 8 oder § 9 für das zu betreibende Handwerk oder für ein diesem verwandtes Handwerk besitzt.

(4) Eine juristische Person wird in die Handwerksrolle eingetragen, wenn der Betriebsleiter den Voraussetzungen der Absätze 1, 2, 3 oder 7 genügt. Eine Personengesellschaft wird in die Handwerksrolle eingetragen, wenn für die technische Leitung ein persönlich haftender Gesellschafter verantwortlich ist, der den Voraussetzungen der Absätze 1, 2, 3 oder 7 genügt.

(5) Der Inhaber eines handwerklichen Nebenbetriebes (§ 2 Nr. 2 und 3) wird in die Handwerksrolle eingetragen, wenn der Leiter des Nebenbetriebes den Voraussetzungen der Absätze 1, 2, 3 oder 7 genügt.

(6) Nach dem Tode eines selbständigen Handwerkers werden der Ehegatte und die Erben in die Handwerksrolle eingetragen, wenn der Betrieb von ihnen nach § 4 fortgeführt wird.

(7) Vertriebene und Sowjetzonenflüchtlinge, die vor ihrer Vertreibung oder Flucht eine der Meisterprüfung gleichwertige Prüfung außerhalb des Gel-

tungsbereichs dieses Gesetzes bestanden haben, sind in die Handwerksrolle einzutragen.

§ 8

(1) In Ausnahmefällen ist eine Bewilligung zur Eintragung in die Handwerksrolle (Ausnahmebewilligung) zu erteilen, wenn der Antragsteller die zur selbständigen Ausübung des von ihm zu betreibenden Handwerks notwendigen Kenntnisse und Fertigkeiten nachweist. Ein Ausnahmefall liegt vor, wenn die Ablegung der Meisterprüfung für ihn eine unzumutbare Belastung bedeuten würde.

(2) Die Ausnahmebewilligung kann unter Auflagen oder Bedingungen oder befristet erteilt und auf einen wesentlichen Teil der Tätigkeiten beschränkt werden, die zu einem in der Anlage A zu diesem Gesetz aufgeführten Gewerbe gehören; in diesem Falle genügt der Nachweis der hierfür erforderlichen Kenntnisse und Fertigkeiten.

(3) Die Ausnahmebewilligung wird auf Antrag des Gewerbetreibenden von der höheren Verwaltungsbehörde nach Anhörung der Handwerkskammer erteilt. Die Handwerkskammer hat die Berufsvereinigung, die der Antragsteller benennt, zu hören.

(4) Gegen die Entscheidung steht neben dem Antragsteller auch der Handwerkskammer der Verwaltungsrechtsweg offen; die Handwerkskammer ist beizuladen.

§ 12

Gegen die Entscheidung über die Eintragung eines der Industrie- und Handelskammer angehörigen Gewerbetreibenden in die Handwerksrolle steht neben dem Gewerbetreibenden auch der Industrie- und Handelskammer der Verwaltungsrechtsweg offen.

§ 13

(1) Die Eintragung in die Handwerksrolle wird auf Antrag oder von Amts wegen gelöscht, wenn die Voraussetzungen für die Eintragung nicht vorliegen.

(2) Wird der Gewerbebetrieb nicht handwerksmäßig betrieben, so kann auch die Industrie- und Handelskammer die Löschung der Eintragung beantragen.

(3) Die Handwerkskammer hat dem Gewerbetreibenden die beabsichtigte Löschung der Eintragung in die Handwerksrolle gegen Empfangsbescheinigung mitzuteilen.

(4) Wird die Eintragung in die Handwerksrolle gelöscht, so ist die Handwerkskarte an die Handwerkskammer zurückzugeben.

§ 14

Ein in die Handwerksrolle eingetragener selbständiger Handwerker kann die Löschung mit der Begründung, daß der Gewerbebetrieb kein Handwerksbetrieb ist, erst nach Ablauf eines Jahres seit Eintritt der Unanfechtbarkeit der Eintragung und nur dann beantragen, wenn sich die Voraussetzungen für die Eintragung wesentlich geändert haben. Satz 1 gilt für den Antrag der Industrie- und Handelskammer nach § 13 Abs. 2 entsprechend.

§ 15

Ist einem Gewerbetreibenden die Eintragung in die Handwerksrolle abgelehnt worden, so kann er die Eintragung mit der Begründung, daß der Gewerbebetrieb nunmehr Handwerksbetrieb ist, erst nach Ablauf eines Jahres seit Eintritt der Unanfechtbarkeit der Ablehnung und nur dann beantragen, wenn sich die Voraussetzungen für die Ablehnung wesentlich geändert haben.

§ 16

(1) Wer den Betrieb eines Handwerks nach § 1 anfängt, hat gleichzeitig mit der nach § 14 der Gewerbeordnung zu erstattenden Anzeige der hiernach zuständigen Behörde die über die Eintragung in der Handwerksrolle ausgestellte Handwerkskarte (§ 10 Abs. 2) vorzulegen.

(2) Der selbständige Handwerker hat ferner der Handwerkskammer, in deren Bezirk seine gewerbliche Niederlassung liegt oder die nach § 6 Abs. 2 für seine Eintragung in die Handwerksrolle zuständig ist, unverzüglich den Beginn und die Beendigung seines Betriebes und in den Fällen des § 4 und des § 7 Abs. 4 und 5 die Bestellung und Abberufung des Betriebsleiters anzuzeigen; bei juristischen Personen sind auch die Namen der gesetzlichen Vertreter, bei Personengesellschaften die Namen der für die technische Leitung verantwortlichen und der vertretungsberechtigten Gesellschafter anzuzeigen.

(3) Wird der selbständige Betrieb eines Handwerks als stehendes Gewerbe entgegen den Vorschriften dieses Gesetzes ausgeübt, so kann die zuständige Behörde von Amts wegen oder auf Antrag der Handwerkskammer die Fortsetzung des Betriebes untersagen. Lehnt die Behörde einen Antrag nach Satz 1 ab, so steht der Handwerkskammer der Verwaltungsrechtsweg offen. Die Industrie- und Handelskammer ist beizuladen. Die Landesregierung oder die von ihr ermächtigte Stelle bestimmt die zuständige Behörde.

(4) Die Ausübung des untersagten Gewerbes durch den Gewerbetreibenden kann durch Schließung der Betriebs- und Geschäftsräume oder durch andere geeignete Maßnahmen verhindert werden.

§ 17

(1) Die in der Handwerksrolle eingetragenen oder in diese einzutragenden Gewerbetreibenden sind verpflichtet, der Handwerkskammer die für die Eintragung in die Handwerksrolle erforderliche Auskunft über Art und Umfang ihres Betriebes, über die Zahl der im Betrieb beschäftigten gelernten und ungelernten Personen und über handwerkliche Prüfungen des Betriebsinhabers und des Betriebsleiters zu geben.

(2) Die Beauftragten der Handwerkskammer sind befugt, zu dem in Absatz 1 bezeichneten Zweck Grundstücke und Geschäftsräume des Auskunftspflichtigen zu betreten und dort Prüfungen und Besichtigungen vorzunehmen. Der Auskunftspflichtige hat diese Maßnahmen zu dulden. Das Grundrecht der Unverletzlichkeit der Wohnung (Artikel 13 des Grundgesetzes) wird insoweit eingeschränkt.

(3) Der Auskunftspflichtige kann die Auskunft auf solche Fragen verweigern, deren Beantwortung ihn selbst oder einen der in § 383 Abs. 1 Nr. 1 bis 3 der Zivilprozeßordnung bezeichneten Angehörigen der Gefahr strafgerichtlicher Verfolgung oder eines Verfahrens nach dem Gesetz über Ordnungswidrigkeiten aussetzen würde.

Gesetz zur vorläufigen Regelung des Rechts der Industrie- und Handelskammern.

Vom 18. Dezember 1956.

§ 1

(1) Die Industrie- und Handelskammern haben, soweit nicht die Zuständigkeit der Organisationen des Handwerks nach Maßgabe des Gesetzes zur Ordnung des Handwerks (Handwerksordnung) vom 17. September 1953 (Bundesgesetzbl. I S. 1411) gegeben ist, die Aufgabe, das Gesamtinteresse der ihnen zugehörigen Gewerbetreibenden ihres Bezirkes wahrzunehmen, für die Förderung der gewerblichen Wirtschaft zu wirken und dabei die wirtschaftlichen Interessen einzelner Gewerbezweige oder Betriebe abwägend und ausgleichend zu berücksichtigen; dabei obliegt es ihnen insbesondere, durch Vorschläge, Gutachten und Berichte die Behörden zu unterstützen und zu beraten sowie für Wahrung von Anstand und Sitte des ehrbaren Kaufmanns zu wirken.

(2) Die Industrie- und Handelskammern können Anlagen und Einrichtungen, die der Förderung der gewerblichen Wirtschaft oder einzelner Gewerbezweige dienen, begründen, unterhalten und unterstützen sowie Maßnahmen zur Förderung und Durchführung der kaufmännischen und gewerblichen Berufsausbildung unter Beachtung der geltenden Rechtsvorschriften treffen.

(3) Den Industrie- und Handelskammern obliegt die Ausstellung von Ursprungszeugnissen und anderen dem Wirtschaftsverkehr dienenden Bescheinigungen, soweit nicht Rechtsvorschriften diese Aufgaben anderen Stellen zuweisen.

(4) Weitere Aufgaben können den Industrie- und Handelskammern durch Gesetz oder Rechtsverordnung übertragen werden.

(5) Nicht zu den Aufgaben der Industrie- und Handelskammern gehört die Wahrnehmung sozialpolitischer und arbeitsrechtlicher Interessen.

§ 2

(1) Zur Industrie- und Handelskammer gehören, sofern sie zur Gewerbesteuer veranlagt sind, natürliche Personen, Handelsgesellschaften, andere nicht rechtsfähige Personenmehrheiten und juristische Personen des privaten und des öffentlichen Rechts, welche im Bezirk der Industrie- und Handelskammer entweder eine gewerbliche Niederlassung oder eine Betriebsstätte oder eine Verkaufsstelle unterhalten (Kammerzugehörige).

(2) Absatz 1 gilt für natürliche Personen und Gesellschaften, welche ausschließlich einen freien Beruf ausüben oder welche Land- oder Forstwirtschaft oder ein damit verbundenes Nebengewerbe betreiben, nur, soweit sie in das Handelsregister eingetragen sind.

(3) Für natürliche und juristische Personen, die mit einem Hauptbetrieb in der bei der Handwerkskammer geführten Handwerksrolle (§ 6 der Handwerksordnung vom 17. September 1953) eingetragen worden sind, gilt, soweit sie in das Handelsregister eingetragen sind, Absatz 1 mit der Maßgabe, daß sie berechtigt, aber nicht verpflichtet sind, der Industrie- und Handelskammer anzugehören.

(4) Absatz 1 gilt nicht für landwirtschaftliche Genossenschaften; als solche gelten im Sinne dieser Bestimmung

a) ländliche Kreditgenossenschaften, deren Mitglieder überwiegend aus Landwirten bestehen;

b) Genossenschaften, die ganz oder überwiegend der Nutzung landwirtschaftlicher Betriebseinrichtungen oder der Versorgung der Landwirtschaft mit Betriebsmitteln oder dem Absatz oder der Lagerung oder der Bearbeitung oder Verarbeitung landwirtschaftlicher Erzeugnisse dienen, sofern sich die Be- oder Verarbeitung nach der Verkehrsauffassung im Bereich der Landwirtschaft hält;

c) Zusammenschlüsse der unter Buchstabe b genannten Genossenschaften bis zu einer nach der Höhe des Eigenkapitals zu bestimmenden Grenze, die von dem Bundesminister für Wirtschaft im Einvernehmen mit dem Bundesminister für Ernährung, Landwirtschaft und Forsten durch Rechtsverordnung festgelegt wird.

(5) Absatz 1 gilt nicht für Gemeinden und Gemeindeverbände, die Eigenbetriebe unterhalten. Sie können aber insoweit der Industrie- und Handelskammer beitreten.

(6) Absatz 1 gilt nicht für natürliche Personen, welche nach ihrer Gewerbesteuerveranlagung zur Zahlung von Gewerbesteuer nicht verpflichtet sind oder welche gemäß § 17a des Gewerbesteuergesetzes in der Fassung vom 21. Dezember 1954 (Bundesgesetzbl. I S. 473) lediglich zu einer Mindeststeuer herangezogen werden.

§ 3

(1) Die Industrie- und Handelskammer ist Körperschaft des öffentlichen Rechts.

(2) Die Kosten der Errichtung und Tätigkeit der Industrie- und Handelskammer werden, soweit sie nicht anderweitig gedeckt sind, nach Maßgabe des Haushaltsplans durch Beiträge der Kammerzugehörigen gemäß einer Beitragsordnung aufgebracht. Der Haushaltsplan ist jährlich nach den Grundsätzen einer sparsamen und wirtschaftlichen Finanzgebarung unter pfleglicher Behandlung der Leistungsfähigkeit der Kammerzugehörigen aufzustellen und auszuführen.

(3) Die Beiträge werden als Umlagen auf der Grundlage der festgesetzten Gewerbesteuermeßbe-

träge sowie als einheitliche Grundbeiträge erhoben. Kammerzugehörige, welche unter das Gesetz über die Kaufmannseigenschaft von Handwerkern vom 31. März 1953 (Bundesgesetzbl. I S. 106) fallen, sind — unbeschadet Artikel 3 dieses Gesetzes — nicht beitragspflichtig. Kammerzugehörige, die als Inhaber einer Apotheke ins Handelsregister eingetragen sind, werden neben dem Grundbeitrag mit einem Viertel der Umlage veranlagt.

(4) Kammerzugehörige, deren Gewerbebetrieb nach Art und Umfang einen in kaufmännischer Weise eingerichteten Geschäftsbetrieb nicht erfordert, sind von der Umlage befreit; der Grundbeitrag darf für sie die Hälfte des Grundbeitrages der anderen Kammerzugehörigen nicht übersteigen. Das Weitere regelt die Beitragsordnung. Durch Landesrecht kann ein Höchstbeitrag für die in Satz 1 erster Halbsatz genannten Personen festgesetzt werden.

(5) Die Industrie- und Handelskammer kann für die Kosten, welche mit der Begründung, Unterhaltung oder Unterstützung von Anlagen und Einrichtungen (§ 1 Abs. 2) verbunden sind, Sonderbeiträge von den Kammerzugehörigen derjenigen Gewerbezweige erheben, welchen derartige Anlagen und Einrichtungen ausschließlich oder in besonderem Maße zugute kommen. Den Beteiligten ist vor Begründung solcher Anlagen und Einrichtungen Gelegenheit zur Äußerung zu geben.

(6) Die Industrie- und Handelskammer kann für die Inanspruchnahme besonderer Anlagen und Einrichtungen (§ 1 Abs. 2) oder Tätigkeiten Gebühren erheben.

(7) Sonderbeiträge gemäß Absatz 5 werden nach Maßgabe einer Sonderbeitragsordnung, Gebühren nach Absatz 6 nach Maßgabe einer Gebührenordnung erhoben. In der Beitragsordnung, der Sonderbeitragsordnung sowie in der Gebührenordnung ist Erlaß und Niederschlagung von Beiträgen und Gebühren zu regeln.

Gesetz gegen Wettbewerbsbeschränkungen

Erster Teil
Wettbewerbsbeschränkungen

Erster Abschnitt
Kartellverträge und Kartellbeschlüsse*

§ 1

(1) Verträge, die Unternehmen oder Vereinigungen von Unternehmen zu einem gemeinsamen Zweck schließen, und Beschlüsse von Vereinigungen von Unternehmen sind unwirksam, soweit sie geeignet sind, die Erzeugung oder die Marktverhältnisse für den Verkehr mit Waren oder gewerblichen Leistungen durch Beschränkung des Wettbewerbs zu beeinflussen. Dies gilt nicht, soweit in diesem Gesetz etwas anderes bestimmt ist.

(2) Als Beschluß einer Vereinigung von Unternehmen gilt auch der Beschluß der Mitgliederversammlung einer juristischen Person, soweit ihre Mitglieder Unternehmen sind.

Zweiter Abschnitt
Sonstige Verträge

§ 15

Verträge zwischen Unternehmen über Waren oder gewerbliche Leistungen, die sich auf Märkte innerhalb des Geltungsbereichs dieses Gesetzes beziehen, sind nichtig, soweit sie einen Vertragsbeteiligten in der Freiheit der Gestaltung von Preisen oder Geschäftsbedingungen bei solchen Verträgen beschränken, die er mit Dritten über die gelieferten Waren, über andere Waren oder über gewerbliche Leistungen schließt.

* die Kartelle in §§ 2–8 siehe Tabelle Kap. XXVII.

Dritter Abschnitt
Marktbeherrschende Unternehmen

§ 22

(1) Ein Unternehmen ist marktbeherrschend im Sinne dieses Gesetzes, soweit es als Anbieter oder Nachfrager einer bestimmten Art von Waren oder gewerblichen Leistungen

1. ohne Wettbewerber ist oder keinem wesentlichen Wettbewerb ausgesetzt ist oder
2. eine im Verhältnis zu seinen Wettbewerbern überragende Marktstellung hat; hierbei sind außer seinem Marktanteil insbesondere seine Finanzkraft, sein Zugang zu den Beschaffungs- oder Absatzmärkten, Verflechtungen mit anderen Unternehmen sowie rechtliche oder tatsächliche Schranken für den Marktzutritt anderer Unternehmen zu berücksichtigen.

(2) Als marktbeherrschend gelten auch zwei oder mehr Unternehmen, soweit zwischen ihnen für eine bestimmte Art von Waren oder gewerblichen Leistungen allgemein oder auf bestimmten Märkten aus tatsächlichen Gründen ein wesentlicher Wettbewerb nicht besteht und soweit sie in ihrer Gesamtheit die Voraussetzungen des Absatzes 1 erfüllen.

(3) Es wird vermutet, daß

1. ein Unternehmen marktbeherrschend im Sinne des Absatzes 1 ist, wenn es für eine bestimmte Art von Waren oder gewerblichen Leistungen einen Marktanteil von mindestens einem Drittel hat; die Vermutung gilt nicht, wenn das Unternehmen im letzten abgeschlossenen Geschäftsjahr Umsatzerlöse von weniger als 250 Millionen Deutscher Mark hatte;

2. die Voraussetzungen des Absatzes 2 vorliegen, wenn für eine bestimmte Art von Waren oder gewerblichen Leistungen
   a) drei oder weniger Unternehmen zusammen einen Marktanteil von 50 vom Hundert oder mehr haben oder
   b) fünf oder weniger Unternehmen zusammen einen Marktanteil von zwei Dritteln oder mehr haben;

   die Vermutung gilt nicht, soweit es sich um Unternehmen handelt, die im letzten abgeschlossenen Geschäftsjahr Umsatzerlöse von weniger als 100 Millionen Deutscher Mark hatten.

Für die Berechnung der Marktanteile und der Umsatzerlöse gilt § 23 Abs. 1 Satz 2 bis 6 entsprechend.

(4) Die Kartellbehörde hat gegenüber marktbeherrschenden Unternehmen die in Absatz 5 genannten Befugnisse, soweit diese Unternehmen ihre marktbeherrschende Stellung auf dem Markt für diese oder andere Waren oder gewerbliche Leistungen mißbräuchlich ausnutzen.

(5) Die Kartellbehörde kann unter den Voraussetzungen des Absatzes 4 marktbeherrschenden Unternehmen ein mißbräuchliches Verhalten untersagen und Verträge für unwirksam erklären; § 19 gilt entsprechend. Zuvor soll die Kartellbehörde die Beteiligten auffordern, den beanstandeten Mißbrauch abzustellen.

(6) Soweit die Voraussetzungen des Absatzes 1 bei einem Konzernunternehmen im Sinne des § 18 des Aktiengesetzes vorliegen, stehen der Kartellbehörde die Befugnisse nach Absatz 5 gegenüber jedem Konzernunternehmen zu.

Dritter Teil Behörden

Erster Abschnitt Kartellbehörden

§ 44

(1) Die in diesem Gesetz der Kartellbehörde übertragenen Aufgaben und Befugnisse nehmen wahr

1. das Bundeskartellamt (§ 48)
   a) gegenüber Kartellen im Sinne der §§ 4, 6 und 7;
   b) in bezug auf Verträge der in § 16 und Empfehlungen der in § 38a bezeichneten Art;
   c) gegenüber Zusammenschlüssen nach den §§ 23 bis 24a, soweit diese Aufgaben und Befugnisse nicht dem Bundesminister für Wirtschaft übertragen sind;
   d) wenn die Wirkung der Marktbeeinflussung oder des wettbewerbsbeschränkenden oder diskriminierenden Verhaltens oder einer Wettbewerbsregel über das Gebiet eines Landes hinausreicht;
   e) gegenüber der Deutschen Bundespost und der Deutschen Bundesbahn;
2. der Bundesminister für Wirtschaft in den Fällen der §§ 8, 24 Abs. 1 in Verbindung mit Abs. 3 bis 5;
3. in allen übrigen Fällen die nach Landesrecht zuständige oberste Landesbehörde.

(2) Soweit eine Geldbuße auf Grund dieses Gesetzes gegen Versicherungsunternehmungen, Bausparkassen oder solche Unternehmen, die Bank- oder Sparkassengeschäfte betreiben, oder Vereinigungen dieser Unternehmen festgesetzt werden soll, erläßt die Kartellbehörde den Bußgeldbescheid im Einvernehmen mit der fachlich zuständigen Aufsichtsbehörde. Ist ein Einvernehmen nicht herzustellen, so legt die Kartellbehörde die Sache dem Bundesminister für Wirtschaft vor; seine Weisungen ersetzen dieses Einvernehmen. Sind die Kartellbehörde und die fachlich zuständige Aufsichtsbehörde Landesbehörden, so entscheidet, falls ein Einvernehmen nicht herzustellen ist, die nach Landesrecht zuständige Stelle.

Vierter Teil

Verfahren

Erster Abschnitt Verwaltungssachen

I. Verfahren vor den Kartellbehörden

§ 51

(1) Die Kartellbehörde leitet ein Verfahren von Amts wegen oder auf Antrag ein.

(2) An dem Verfahren vor der Kartellbehörde sind beteiligt,

1. wer die Einleitung eines Verfahrens beantragt hat;
2. Kartelle, Unternehmen, Wirtschafts- oder Berufsvereinigungen, gegen die sich das Verfahren richtet;
3. in den Fällen der §§ 14, 19 und 105 die betroffenen Unternehmen und Vereinigungen von Unternehmen;
4. Personen und Personenvereinigungen, deren Interessen durch die Entscheidung erheblich berührt werden und die die Kartellbehörde auf ihren Antrag zu dem Verfahren beigeladen hat;
5. in den Fällen des § 23 Abs. 2 Nr. 1 oder 2 auch der Veräußerer.

(3) An Verfahren vor obersten Landesbehörden ist auch das Bundeskartellamt beteiligt.

II. Beschwerde

§ 62

(1) Gegen Verfügungen der Kartellbehörde ist die Beschwerde zulässig. Sie kann auch auf neue Tatsachen und Beweismittel gestützt werden.

(2) Die Beschwerde steht den am Verfahren vor der Kartellbehörde Beteiligten (§ 51 Abs. 2 und 3) zu.

(3) Die Beschwerde ist auch gegen die Unterlassung einer beantragten Verfügung der Kartellbehörde zulässig, auf deren Vornahme der Antragsteller ein Recht zu haben behauptet. Als Unterlassung gilt es auch, wenn die Kartellbehörde den Antrag auf Vornahme der Verfügung ohne zureichenden Grund in angemessener Frist nicht beschieden hat. Die Unterlassung ist dann einer Ablehnung gleichzuachten.

(4) Über die Beschwerde entscheidet ausschließlich das für den Sitz der Kartellbehörde zuständige Oberlandesgericht, in den Fällen der §§ 24 und 24 a ausschließlich das für den Sitz des Bundeskartellamtes zuständige Oberlandesgericht, und zwar auch dann, wenn sich die Beschwerde gegen eine Verfügung des Bundesministers für Wirtschaft richtet. § 36 der Zivilprozeßordnung gilt entsprechend.

III. Rechtsbeschwerde

§ 73

(1) Gegen die in der Hauptsache erlassenen Beschlüsse der Oberlandesgerichte findet die Rechtsbeschwerde an den Bundesgerichtshof statt, wenn das Oberlandesgericht die Rechtsbeschwerde zugelassen hat.

(2) Die Rechtsbeschwerde ist zuzulassen, wenn

1. eine Rechtsfrage von grundsätzlicher Bedeutung zu entscheiden ist oder
2. die Fortbildung des Rechts oder die Sicherung einer einheitlichen Rechtsprechung eine Entscheidung des Bundesgerichtshofes erfordert.

Gesetz über das Bundesverfassungsgericht.

Vom 12. März 1951.

(Organstreitigkeiten gem. Art. 93 I Nr. 1 GG)

§ 63

Antragsteller und Antragsgegner können nur sein: der Bundespräsident, der Bundestag, der Bundesrat, der Ausschuß nach Artikel 45 des Grundgesetzes, die Bundesregierung und die im Grundgesetz oder in den Geschäftsordnungen des Bundestags und des Bundesrats mit eigenen Rechten ausgestatteten Teile dieser Organe.

§ 64

(1) Der Antrag ist nur zulässig, wenn der Antragsteller geltend macht, daß er oder das Organ, dem er angehört, durch eine Maßnahme oder Unterlassung des Antragsgegners in seinen ihm durch das Grundgesetz übertragenen Rechten und Pflichten verletzt oder unmittelbar gefährdet ist.

(2) Im Antrag ist die Bestimmung des Grundgesetzes zu bezeichnen, gegen die durch die beanstandete Maßnahme oder Unterlassung des Antragsgegners verstoßen wird.

(3) Der Antrag muß binnen sechs Monaten, nachdem die beanstandete Maßnahme oder Unterlassung dem Antragsteller bekannt geworden ist, gestellt werden.

(4) Soweit die Frist bei Inkrafttreten dieses Gesetzes verstrichen ist, kann der Antrag noch binnen drei Monaten nach Inkrafttreten gestellt werden.

(Abstrakte Normenkontrolle gem. Art. 93 I Nr. 2 GG)

§ 76

Der Antrag der Bundesregierung, einer Landesregierung oder eines Drittels der Mitglieder des Bundestags gemäß Artikel 93 Abs. 1 Nr. 2 des Grundgesetzes ist nur zulässig, wenn einer der Antragsberechtigten Bundes- oder Landesrecht

1. wegen seiner förmlichen oder sachlichen Unvereinbarkeit mit dem Grundgesetz oder dem sonstigen Bundesrecht für nichtig hält oder
2. für gültig hält, nachdem ein Gericht, eine Verwaltungsbehörde oder ein Organ des Bundes oder eines Landes das Recht als unvereinbar mit dem Grundgesetz oder sonstigem Bundesrecht nicht angewendet hat.

§ 77

Das Bundesverfassungsgericht hat dem Bundestag, dem Bundesrat, der Bundesregierung, bei Meinungsverschiedenheiten über die Gültigkeit von Bundesrecht auch den Landesregierungen und bei Meinungsverschiedenheiten über die Gültigkeit einer landesrechtlichen Norm dem Landtag und der Regierung des Landes, in dem die Norm verkündet wurde, Gelegenheit zur Äußerung binnen einer zu bestimmenden Frist zu geben.

§ 78

Kommt das Bundesverfassungsgericht zu der Überzeugung, daß Bundesrecht mit dem Grundgesetz oder Landesrecht mit dem Grundgesetz oder dem sonstigen Bundesrecht unvereinbar ist, so stellt es in seiner Entscheidung die Nichtigkeit fest.

(Konkrete Normenkontrolle gem. Art. 100 I GG)

§ 80

(1) Sind die Voraussetzungen des Artikels 100 Abs. 1 des Grundgesetzes gegeben, so holen die oberen Bundesgerichte unmittelbar, die übrigen Gerichte über das zuständige obere Bundesgericht, soweit es sich um Landesrecht handelt, über das zuständige oberste Gericht des Landes, die Entscheidung des Bundesverfassungsgerichts ein.

(2) Die Begründung muß angeben, inwiefern von der Gültigkeit der Rechtsvorschrift die Entscheidung des Gerichts abhängig ist und mit welcher übergeordneten Rechtsnorm sie unvereinbar ist. Die Akten sind beizufügen.

(3) Der Antrag des Gerichts ist unabhängig von der Rüge der Nichtigkeit der Rechtsvorschrift durch einen Prozeßbeteiligten.

§ 81

Das Bundesverfassungsgericht entscheidet nur über die Rechtsfrage.

Die Verfassungsbeschwerde

§ 90

(1) Jedermann kann mit der Behauptung, durch die öffentliche Gewalt in einem seiner Grundrechte oder in einem seiner in Artikel 33, 38, 101, 103 und 104 des Grundgesetzes enthaltenen Rechte verletzt zu sein, die Verfassungsbeschwerde zum Bundesverfassungsgericht erheben.

(2) Ist gegen die Verletzung der Rechtsweg zulässig, so kann die Verfassungsbeschwerde erst nach Erschöpfung des Rechtswegs erhoben werden. Das Bundesverfassungsgericht kann jedoch über eine vor Erschöpfung des Rechtswegs eingelegte Verfassungsbeschwerde sofort entscheiden, wenn sie von allgemeiner Bedeutung ist oder wenn dem Beschwerdeführer ein schwerer und unabwendbarer Nachteil entstünde, falls er zunächst auf den Rechtsweg verwiesen würde.

(3) Das Recht, eine Verfassungsbeschwerde an das Landesverfassungsgericht nach dem Recht der Landesverfassung zu erheben, bleibt unberührt.

§ 95

(1) Wird der Verfassungsbeschwerde stattgegeben, so ist in der Entscheidung festzustellen, welche Vorschrift des Grundgesetzes und durch welche Handlung oder Unterlassung sie verletzt wurde. Das Bundesverfassungsgericht kann zugleich aussprechen, daß auch jede Wiederholung der beanstandeten Maßnahme das Grundgesetz verletzt.

(2) Wird der Verfassungsbeschwerde gegen eine Entscheidung stattgegeben, so hebt das Bundesverfassungsgericht die Entscheidung auf, in den Fällen des § 90 Abs. 2 Satz 1 verweist es die Sache an ein zuständiges Gericht zurück.

(3) Wird der Verfassungsbeschwerde gegen ein Gesetz stattgegeben, so ist das Gesetz für nichtig zu erklären. Das gleiche gilt, wenn der Verfassungsbeschwerde gemäß Absatz 2 stattgegeben wird, weil die aufgehobene Entscheidung auf einem verfassungswidrigen Gesetz beruht. Die Vorschrift des § 79 gilt entsprechend.

Verwaltungsgerichtsordnung (VwGO)

Vom 21. Januar 1960

6. Abschnitt

Verwaltungsrechtsweg und Zuständigkeit

§ 40

(1) Der Verwaltungsrechtsweg ist in allen öffentlich-rechtlichen Streitigkeiten nichtverfassungsrechtlicher Art gegeben, soweit die Streitigkeiten nicht durch Bundesgesetz einem anderen Gericht ausdrücklich zugewiesen sind. Öffentlich-rechtliche Streitigkeiten auf dem Gebiete des Landesrechts können einem anderen Gericht auch durch Landesgesetz zugewiesen werden.

(2) Für vermögensrechtliche Ansprüche aus Aufopferung für das gemeine Wohl und aus öffentlich-rechtlicher Verwahrung sowie für Schadensersatzansprüche aus der Verletzung öffentlich-rechtlicher Pflichten ist der ordentliche Rechtsweg gegeben. Die besonderen Vorschriften des Beamtenrechts bleiben unberührt.

§ 41

(1) Die Gerichte der allgemeinen Verwaltungsgerichtsbarkeit entscheiden über die Zulässigkeit des zu ihnen beschrittenen Rechtsweges. Hat ein Gericht der allgemeinen Verwaltungsgerichtsbarkeit den Rechtsweg zuvor rechtskräftig für unzulässig erklärt, so kann ein anderes Gericht in derselben Sache seine Gerichtsbarkeit nicht deshalb verneinen, weil es den Rechtsweg zu den Gerichten der allgemeinen Verwaltungsgerichtsbarkeit für gegeben hält.

(2) Hat ein Gericht der ordentlichen Gerichtsbarkeit oder ein Gericht der Arbeits-, Finanz- oder Sozialgerichtsbarkeit den zu ihm beschrittenen Rechtsweg zuvor rechtskräftig für zulässig oder unzulässig erklärt, so sind die Gerichte der allgemeinen Verwaltungsgerichtsbarkeit an diese Entscheidung gebunden.

(3) Hält ein Gericht der allgemeinen Verwaltungsgerichtsbarkeit den zu ihm beschrittenen Rechtsweg nicht für gegeben, so verweist es in dem Urteil, in dem es den Rechtsweg für unzulässig erklärt, zugleich auf Antrag des Klägers die Sache an das Gericht des ersten Rechtszuges, zu dem es den Rechtsweg für gegeben hält. Der Kläger kann den Antrag auf Verweisung nur bis zum Schluß der mündlichen Verhandlung stellen, auf die das Urteil ergeht. Mit der Rechtskraft des Urteils gilt die Rechtshängigkeit der Sache bei dem im Urteil bezeichneten Gericht als begründet. Soll durch die Erhebung der Klage eine Frist gewahrt werden, so tritt diese Wirkung bereits in dem Zeitpunkt ein, in dem die Klage erhoben ist. Das gleiche gilt in Ansehung der Wirkungen, die durch andere als verfahrensrechtliche Vorschriften an die Rechtshängigkeit geknüpft werden.

(4) Das Gericht, das den zu ihm beschrittenen Rechtsweg nicht für gegeben hält, kann, wenn sich der Beklagte mit dem Antrag des Klägers (Absatz 3) einverstanden erklärt, die Sache durch Beschluß verweisen.

§ 42

(1) Durch Klage kann die Aufhebung eines Verwaltungsaktes (Anfechtungsklage) sowie die Verurteilung zum Erlaß eines abgelehnten oder unterlassenen Verwaltungsaktes (Verpflichtungsklage) begehrt werden.

(2) Soweit gesetzlich nichts anderes bestimmt ist, ist die Klage nur zulässig, wenn der Kläger geltend macht, durch den Verwaltungsakt oder seine Ablehnung oder Unterlassung in seinen Rechten verletzt zu sein.

§ 43

(1) Durch Klage kann die Feststellung des Bestehens oder Nichtbestehens eines Rechtsverhältnisses oder der Nichtigkeit eines Verwaltungsaktes begehrt werden, wenn der Kläger ein berechtigtes Interesse an der baldigen Feststellung hat (Feststellungsklage).

(2) Die Feststellung kann nicht begehrt werden, soweit der Kläger seine Rechte durch Gestaltungs- oder Leistungsklage verfolgen kann oder hätte verfolgen können. Dies gilt nicht, wenn die Feststellung der Nichtigkeit eines Verwaltungsaktes begehrt wird.

§ 45

Das Verwaltungsgericht entscheidet im ersten Rechtszug über alle Streitigkeiten, für die der Verwaltungsrechtsweg offensteht.

§ 47

Die Landesgesetzgebung kann bestimmen, daß das Oberverwaltungsgericht im Rahmen seiner Gerichtsbarkeit auf Antrag über die Gültigkeit einer landesrechtlichen Verordnung oder einer anderen im Range unter dem Landesgesetz stehenden Rechtsvorschrift entscheidet, soweit nicht gesetzlich vorgesehen ist, daß die Rechtsvorschrift durch ein Verfassungsgericht nachprüfbar ist. Den Antrag kann jede natürliche oder juristische Person, die durch die Anwendung der Vorschrift einen Nachteil erlitten oder in absehbarer Zeit zu erwarten hat, sowie jede Behörde stellen. Die Entscheidung ergeht durch Beschluß. Wenn die Gültigkeit der Vorschrift verneint wird, ist die Entscheidung allgemein verbindlich und ebenso zu veröffentlichen, wie die Vorschrift bekanntgemacht worden ist.

§ 52

Für die örtliche Zuständigkeit gilt folgendes:

1. In Streitigkeiten, die sich auf unbewegliches Vermögen oder ein ortsgebundenes Recht oder Rechtsverhältnis beziehen, ist nur das Verwaltungsgericht örtlich zuständig, in dessen Bezirk das Vermögen oder der Ort liegt.
2. Bei Anfechtungsklagen gegen den Verwaltungsakt einer Bundesbehörde, einer bundesunmittelbaren Körperschaft, Anstalt oder Stiftung des öffentlichen Rechts, ist das Verwaltungsgericht örtlich zuständig, in dessen Bezirk die Bundesbehörde, die Körperschaft, Anstalt oder Stiftung ihren Sitz hat, vorbehalich der Nummern 1 und 4. Dies gilt auch bei Verpflichtungsklagen in den Fällen des Satzes 1.
3. Bei allen anderen Anfechtungsklagen vorbehaltlich der Nummern 1 und 4 ist das Verwaltungsgericht örtlich zuständig, in dessen Bezirk der Verwaltungsakt erlassen wurde. Ist er von einer Behörde erlassen, deren Zuständigkeit sich auf mehrere Verwaltungsgerichtsbezirke erstreckt, so ist unter diesen das Verwaltungsgericht zuständig, in dessen Bezirk der Beschwerte seinen Sitz oder Wohnsitz hat. Fehlt ein solcher innerhalb des Landes, so bestimmt sich die Zuständigkeit nach Nummer 5. Dies gilt auch bei Verpflichtungsklagen in den Fällen der Sätze 1 und 2.
4. Für alle Klagen der Beamten, Soldaten, Ruhestandsbeamten, Soldaten im Ruhestand, früheren Beamten und Soldaten und der Hinterbliebenen aus dem Beamten- oder Wehrdienstverhältnis ist das Verwaltungsgericht örtlich zuständig, in dessen Bezirk der Kläger seinen dienstlichen Wohnsitz oder in Ermangelung dessen seinen Wohnsitz hat. Hat der Kläger keinen dienstlichen Wohnsitz oder keinen Wohnsitz innerhalb des Zuständigkeitsbereichs der Behörde, die den ursprünglichen Bescheid erlassen hat, so ist das Verwaltungsgericht örtlich zuständig, in dessen Bezirk diese Behörde ihren Sitz hat. Entsprechendes gilt für Klagen nach § 79 des Gesetzes zur Regelung der Rechtsverhältnisse der unter Artikel 131 des Grundgesetzes fallenden Personen.
5. In allen anderen Fällen ist das Verwaltungsgericht örtlich zuständig, in dessen Bezirk der Beklagte seinen Sitz, Wohnsitz oder in Ermangelung dessen seinen Aufenthalt hat oder seinen letzten Wohnsitz oder Aufenthalt hatte.

TEIL II

Verfahren

7. Abschnitt

Allgemeine Verfahrensvorschriften

§ 61

Fähig, am Verfahren beteiligt zu sein, sind

1. natürliche und juristische Personen,
2. Vereinigungen, soweit ihnen ein Recht zustehen kann,
3. Behörden, sofern das Landesrecht dies bestimmt.

§ 62

(1) Fähig zur Vornahme von Verfahrenshandlungen sind

1. die nach bürgerlichem Recht Geschäftsfähigen,
2. die nach bürgerlichem Recht in der Geschäftsfähigkeit Beschränkten, soweit sie durch Vorschriften des bürgerlichen oder öffentlichen Rechts für den Gegenstand des Verfahrens als geschäftsfähig anerkannt sind

(2) Für Vereinigungen sowie für Behörden handeln ihre gesetzlichen Vertreter, Vorstände oder besonders Beauftragte.

(3) §§ 53 bis 58 der Zivilprozeßordnung gelten entsprechend.

§ 63

Beteiligte am Verfahren sind

1. der Kläger,
2. der Beklagte,
3. der Beigeladene (§ 65),
4. der Oberbundesanwalt oder der Vertreter des öffentlichen Interesses, falls er von seiner Beteiligungsbefugnis Gebrauch macht.

8. Abschnitt

Besondere Vorschriften für Anfechtungs- und Verpflichtungsklagen

§ 68

(1) Vor Erhebung der Anfechtungsklage sind Rechtmäßigkeit und Zweckmäßigkeit des Verwaltungsaktes in einem Vorverfahren nachzuprüfen. Einer solchen Nachprüfung bedarf es nicht, wenn ein Gesetz dies für besondere Fälle bestimmt oder wenn

1. der Verwaltungsakt von einer obersten Bundesbehörde oder von einer obersten Landesbehörde erlassen worden ist, außer wenn ein Gesetz die Nachprüfung vorschreibt, oder
2. ein Dritter durch einen Widerspruchsbescheid erstmalig beschwert wird.

(2) Für die Verpflichtungsklage gilt Absatz 1 entsprechend, wenn der Antrag auf Vornahme des Verwaltungsaktes abgelehnt worden ist.

§ 69

Das Vorverfahren beginnt mit der Erhebung des Widerspruchs.

§ 70

(1) Der Widerspruch ist innerhalb eines Monats, nachdem der Verwaltungsakt dem Beschwerten bekanntgegeben worden ist, schriftlich oder zur Niederschrift bei der Behörde zu erheben, die den Verwaltungsakt erlassen hat. Die Frist wird auch durch Einlegung bei der Behörde, die den Widerspruchsbescheid zu erlassen hat, gewahrt.

(2) §§ 58 und 60 Abs. 1 bis 4 gelten entsprechend.

§ 71

Kann die Aufhebung oder Änderung des Verwaltungsaktes im Widerspruchsbescheid einen Dritten beschweren, so soll er vor Erlaß des Widerspruchsbescheides gehört werden.

§ 72

Hält die Behörde den Widerspruch für begründet, so hilft sie ihm ab und entscheidet über die Kosten.

§ 73

(1) Hilft die Behörde dem Widerspruch nicht ab, so ergeht ein Widerspruchsbescheid. Diesen erläßt

1. die nächsthöhere Behörde,
2. wenn die nächsthöhere Behörde eine oberste Bundes- oder oberste Landesbehörde ist, die Behörde, die den Verwaltungsakt erlassen hat,
3. in Selbstverwaltungsangelegenheiten die Selbstverwaltungsbehörde, soweit nicht durch Gesetz anderes bestimmt wird.

(2) Vorschriften, nach denen im Vorverfahren des Absatzes 1 Ausschüsse oder Beiräte an die Stelle einer Behörde treten, bleiben unberührt. Die Ausschüsse oder Beiräte können abweichend von Absatz 1 Nr. 1 auch bei der Behörde gebildet werden, die den Verwaltungsakt erlassen hat.

(3) Der Widerspruchsbescheid ist zu begründen, mit einer Rechtsmittelbelehrung zu versehen und zuzustellen. Der Widerspruchsbescheid bestimmt auch, wer die Kosten trägt.

§ 74

(1) Die Anfechtungsklage muß innerhalb eines Monats nach Zustellung des Widerspruchsbescheides erhoben werden. Ist nach § 68 ein Widerspruchsbescheid nicht erforderlich, so muß die Klage innerhalb eines Monats nach Bekanntgabe des Verwaltungsaktes erhoben werden.

(2) Für die Verpflichtungsklage gilt Absatz 1 entsprechend, wenn der Antrag auf Vornahme des Verwaltungsaktes abgelehnt worden ist.

§ 75

Ist über einen Widerspruch oder über einen Antrag auf Vornahme eines Verwaltungsaktes ohne zureichenden Grund in angemessener Frist sachlich nicht entschieden worden, so ist die Klage abweichend von § 68 zulässig. Die Klage kann nicht vor Ablauf von drei Monaten seit der Einlegung des Widerspruchs oder seit dem Antrag auf Vornahme des Verwaltungsaktes erhoben werden, außer wenn wegen besonderer Umstände des Falles eine kürzere Frist geboten ist. Liegt ein zureichender Grund dafür vor, daß über den Widerspruch noch nicht entschieden oder der beantragte Verwaltungsakt noch nicht erlassen ist, so setzt das Gericht das Verfahren bis zum Ablauf einer von ihm bestimmten Frist, die verlängert werden kann, aus. Wird dem Widerspruch innerhalb der vom Gericht gesetzten Frist stattgegeben oder der Verwaltungsakt innerhalb dieser Frist erlassen, so ist die Hauptsache für erledigt zu erklären.

§ 78

(1) Die Klage ist zu richten

1. gegen den Bund, das Land oder die Körperschaft, deren Behörde den angefochtenen Verwaltungsakt erlassen oder den beantragten Verwaltungsakt unterlassen hat; zur Bezeichnung des Beklagten genügt die Angabe der Behörde,
2. sofern das Landesrecht dies bestimmt, gegen die Behörde selbst, die den angefochtenen Verwaltungsakt erlassen oder den beantragten Verwaltungsakt unterlassen hat.

(2) Wenn ein Widerspruchsbescheid erlassen ist, der einen Dritten erstmalig beschwert (§ 68 Abs. 1 Satz 2 Nr. 2), so ist insoweit Behörde im Sinne des Absatzes 1 die Widerspruchsbehörde.

§ 79

(1) Gegenstand der Anfechtungsklage ist

1. der ursprüngliche Verwaltungsakt in der Gestalt, die er durch den Widerspruchsbescheid gefunden hat,
2. der Widerspruchsbescheid, wenn ein Dritter durch ihn erstmalig beschwert wird.

(2) Der Widerspruchsbescheid kann auch dann alleiniger Gegenstand der Anfechtungsklage sein, wenn und soweit er gegenüber dem ursprünglichen Verwaltungsakt eine zusätzliche selbständige Beschwer enthält. Als eine zusätzliche Beschwer gilt auch die Verletzung einer wesentlichen Verfahrensvorschrift, sofern der Widerspruchsbescheid auf dieser Verletzung beruht. § 78 Abs. 2 gilt entsprechend.

§ 80

(1) Widerspruch und Anfechtungsklage haben aufschiebende Wirkung. Dies gilt auch bei rechtsgestaltenden Verwaltungsakten.

(2) Die aufschiebende Wirkung entfällt nur

1. bei der Anforderung von öffentlichen Abgaben und Kosten,
2. bei unaufschiebbaren Anordnungen und Maßnahmen von Polizeivollzugsbeamten,
3. in anderen durch Bundesgesetz vorgeschriebenen Fällen,
4. in den Fällen, in denen die sofortige Vollziehung im öffentlichen Interesse oder im überwiegenden Interesse eines Beteiligten von der Behörde, die den Verwaltungsakt erlassen oder über den Widerspruch zu entscheiden hat, besonders angeordnet wird.

9. Abschnitt

Verfahren im ersten Rechtszug

§ 86

(1) Das Gericht erforscht den Sachverhalt von Amts wegen; die Beteiligten sind dabei heranzuziehen. Es ist an das Vorbringen und an die Beweisanträge der Beteiligten nicht gebunden.

(2) Ein in der mündlichen Verhandlung gestellter Beweisantrag kann nur durch einen Gerichtsbeschluß, der zu begründen ist, abgelehnt werden.

(3) Der Vorsitzende hat darauf hinzuwirken, daß Formfehler beseitigt, unklare Anträge erläutert, sachdienliche Anträge gestellt, ungenügende tatsächliche Angaben ergänzt, ferner alle für die Feststellung und Beurteilung des Sachverhalts wesentlichen Erklärungen abgegeben werden.

(4) Die Beteiligten sollen zur Vorbereitung der mündlichen Verhandlung Schriftsätze einreichen. Hierzu kann sie der Vorsitzende unter Fristsetzung auffordern. Die Schriftsätze sind den Beteiligten von Amts wegen zuzustellen.

(5) Den Schriftsätzen sind die Urkunden, auf die Bezug genommen wird, in Urschrift oder in Abschrift ganz oder im Auszug beizufügen. Sind die Urkunden dem Gegner bereits bekannt oder sehr umfangreich, so genügt die genaue Bezeichnung mit dem Anerbieten, Einsicht bei Gericht zu gewähren.

§ 88

Das Gericht darf über das Klagebegehren nicht hinausgehen, ist aber an die Fassung der Anträge nicht gebunden.

10. Abschnitt

Urteile und andere Entscheidungen

§ 108

(1) Das Gericht entscheidet nach seiner freien, aus dem Gesamtergebnis des Verfahrens gewonnenen Überzeugung. In dem Urteil sind die Gründe anzugeben, die für die richterliche Überzeugung leitend gewesen sind.

(2) Das Urteil darf nur auf Tatsachen und Beweisergebnisse gestützt werden, zu denen die Beteiligten sich äußern konnten.

§ 113

(1) Soweit der Verwaltungsakt rechtswidrig und der Kläger dadurch in seinen Rechten verletzt ist, hebt das Gericht den Verwaltungsakt und den etwaigen Widerspruchsbescheid auf. Ist der Verwaltungsakt schon vollzogen, so kann das Gericht auf Antrag auch aussprechen, daß und wie die Verwaltungsbehörde die Vollziehung rückgängig zu machen hat. Dieser Ausspruch ist nur zulässig, wenn die Behörde dazu in der Lage und diese Frage spruchreif ist. Hat sich der Verwaltungsakt vorher durch Zurücknahme oder anders erledigt, so spricht das Gericht auf Antrag durch Urteil aus, daß der Verwaltungsakt rechtswidrig gewesen ist, wenn der Kläger ein berechtigtes Interesse an dieser Feststellung hat.

(2) Betrifft der angefochtene Verwaltungsakt eine Leistung in Geld oder anderen vertretbaren Sachen oder eine Feststellung, so kann das Gericht die Leistung in anderer Höhe festsetzen oder die Feststellung durch eine andere ersetzen.

(3) Kann neben der Aufhebung eines Verwaltungsaktes eine Leistung verlangt werden, so ist im gleichen Verfahren auch die Verurteilung zur Leistung zulässig.

(4) Soweit die Ablehnung oder Unterlassung des Verwaltungsaktes rechtswidrig und der Kläger dadurch in seinen Rechten verletzt ist, spricht das Gericht die Verpflichtung der Verwaltungsbehörde aus, die beantragte Amtshandlung vorzunehmen, wenn die Sache spruchreif ist. Andernfalls spricht es die Verpflichtung aus, den Kläger unter Beachtung der Rechtsauffassung des Gerichts zu bescheiden.

§ 114

Soweit die Verwaltungsbehörde ermächtigt ist, nach ihrem Ermessen zu handeln, prüft das Gericht auch, ob der Verwaltungsakt oder die Ablehnung oder Unterlassung des Verwaltungsaktes rechtswidrig ist, weil die gesetzlichen Grenzen des Ermessens überschritten sind oder von dem Ermessen in einer dem Zweck der Ermächtigung nicht entsprechenden Weise Gebrauch gemacht ist.

11. Abschnitt

Einstweilige Anordnung

§ 123

(1) Auf Antrag kann das Gericht, auch schon vor Klageerhebung, eine einstweilige Anordnung in bezug auf den Streitgegenstand treffen, wenn die Gefahr besteht, daß durch eine Veränderung des bestehenden Zustandes die Verwirklichung eines Rechts des Antragstellers vereitelt oder wesentlich erschwert werden könnte. Einstweilige Anordnungen sind auch zur Regelung eines vorläufigen Zustandes in bezug auf ein streitiges Rechtsverhältnis zulässig, wenn diese Regelung, vor allem bei dauernden Rechtsverhältnissen, um wesentliche Nachteile abzuwenden oder drohende Gewalt zu verhindern oder aus anderen Gründen nötig erscheint.

(2) Für den Erlaß einstweiliger Anordnungen ist das Gericht der Hauptsache zuständig. Dies ist das Gericht des ersten Rechtszugs und, wenn die Hauptsache im Berufungsverfahren anhängig ist, das Berufungsgericht. § 80 Abs. 7 ist entsprechend anzuwenden.

(3) Für den Erlaß einstweiliger Anordnungen gelten §§ 920, 921, 923, 926, 928 bis 932, 938, 939, 941 und 945 der Zivilprozeßordnung entsprechend.

(4) Gegen die einstweilige Anordnung kann Antrag auf mündliche Verhandlung gestellt werden. §§ 924, 925 der Zivilprozeßordnung gelten entsprechend.

(5) Die Vorschriften der Absätze 1 bis 4 gelten nicht für die Vollziehung des angefochtenen Verwaltungsaktes oder die Beseitigung der aufschiebenden Wirkung eines Rechtsbehelfs.

TEIL V

Schluß- und Übergangsbestimmungen

§ 173

Soweit dieses Gesetz keine Bestimmungen über das Verfahren enthält, sind das Gerichtsverfassungsgesetz und die Zivilprozeßordnung entsprechend anzuwenden, wenn die grundsätzlichen Unterschiede der beiden Verfahrensarten dies nicht ausschließen.

Sachwortverzeichnis

Grundbegriffe

Grundbegriffe und System des Strafrechts
Eine Einführung in die Systematik an Hand von Fällen
Von Prof. Dr. **Jürgen Baumann**
4., überarbeitete Auflage.
125 Seiten. Kart. DM 13.80
ISBN 3-17-126011-5

Grundbegriffe und Verfahrensprinzipien des Strafprozeßrechts
Eine Einführung an Hand von Fällen
Von Prof. Dr. **Jürgen Baumann**
2., überarbeitete Auflage.
123 Seiten. Kart. DM 14.80
ISBN 3-17-126021-2

Grundbegriffe und Verfahrensprinzipien des Zivilprozeßrechts
Eine Einführung an Hand von Fällen
Von Prof. Dr. **Jürgen Baumann**
134 Seiten. Kart. DM 13.80
ISBN 3-17-039033-3

Grundbegriffe des Rechts der freiwilligen Gerichtsbarkeit
Von Prof. Dr. Dr. h. c. Dr. h. c. **Fritz Baur**
89 Seiten. Kart. DM 12.–
ISBN 3-17-001221-5

Grundbegriffe des Arbeitsrechts
Eine Einführung an Hand von Fällen
Von Prof. Dr. **Hans Brox**
5., verbesserte Auflage.
100 Seiten. Kart. DM 14.80
(Unverbindliche Preisempfehlung)
ISBN 3-17-004149-5

Grundbegriffe des Rechts der Ordnungswidrigkeiten
Eine Einführung an Hand von Fällen
Von Prof. Dr. **Peter Cramer**
184 Seiten. Kart. DM 18.80
Verwaltung und Wirtschaft, Heft 42
ISBN 3-17-037066-9

Grundbegriffe des Handels- und Gesellschaftsrechts
Eine Einführung an Hand von Fällen
Von Prof. Dr. **Fritz Fabricius**
4., überarbeitete Auflage.
136 Seiten. Kart. DM 15.80
ISBN 3-17-002658-5

Grundbegriffe des Steuerrechts
Band II (Steuern vom Einkommen)
Von Priv.-Doz. Dr. **Wolfgang Freericks** und **Karl Egon Bichel**
168 Seiten. Kart. DM 19.80
ISBN 3-17-001461-7

Grundbegriffe des Staatsrechts
(Deutschlands Rechtslage, Grundrechte, Wirtschaftsordnung) Bd. 1
Von Prof. Dr. **Ingo von Münch**
Ca. 200 Seiten. Kart. ca. DM 24.–
ISBN 3-17-004077-4

Grundbegriffe des Staatsrechts
(Staatsform, Staatsorganisation) Bd. 2
Eine Einführung an Hand von Fällen
Von Prof. Dr. **Ingo von Münch**
192 Seiten. Kart. DM 24.80
ISBN 3-17-004089-8

Grundbegriffe des Verwaltungsrechts
Eine Einführung an Hand von Fällen
Von Prof. Dr. **Gerd Roellecke**
144 Seiten. Kart. DM 16.80
ISBN 3-17-039034-1

Grundbegriffe des BGB
Eine Einführung an Hand von Fällen
Von Prof. Dr. **Harry Westermann**
9., erweiterte Auflage.
112 Seiten. Kart. DM 10.80
ISBN 3-17-002697-6

Ausführlicher Prospekt „Studienliteratur Recht und Verwaltung" auf Anforderung.